自序

幸福的鬼島

台灣的每一代人都覺得台灣要完蛋了。我的祖父祖母年輕的時候，日本人來了，他們以為所有的台灣人都要被殺或是被奴役，但是沒有，台灣反而因此躲過了中國在清末民初的所有戰亂。

我的父母親小時候，台灣是日本的殖民地，台灣人既不算中國人也不算日本人，是亞細亞的孤兒，是大日本帝國中的二等公民，他們那一輩人看不到前途。但是後來二次大戰爆發，日本跟中國死傷慘重，而台灣孤懸海外，反而逃過了一劫。

我在一九六五年出生，在我小時候，我的父母那一輩都擔心共軍隨時會打過來，血洗台灣，台灣就要完蛋了。但是沒有，台灣不但躲過了中國的大躍進跟文化大革命，而且經濟也起飛了，大家的生活過得越來越好。

小學操場上的大合唱

記得一九七一年的十月十日是中華民國建國六十週年的國慶日，台中市的市中心區到處設立了牌樓，掛滿了國旗，到處都有慶祝活動，而我當時六歲，是台中師專附小一年級的新生。我們學校舉辦了一場非常盛大的運動會，然後到了晚上，我媽媽帶我台中市中心的街上，在那略顯昏暗的街燈下看遊行，看初中生的鼓號樂隊，看高中女生的樂儀隊，看高中男生們舉火把，然後看著我那已經在讀初中的大姊跟她的同學們抬著蔣總統的照片，踏著整齊的步伐列隊而過。

接著在十月三十一日蔣中正總統的生日的那一天，我們學校將大禮堂布置成了壽堂，在講台正中央放了一幅很大的蔣總統玉照，擺了一堆像小山般的粉紅色壽桃。然後我們各個班級列隊而入，在大禮堂裡整齊劃一、莊嚴肅穆地面向講台行三鞠躬禮。

但是當那年的冬天來臨的時候，學校的氣氛忽然改變了。每天朝會升旗之後，訓導主任把全校所有一千多名的小學生留在操場上，在寒風當中學唱幾首新的愛國歌曲，一唱就是一個小時。我還記得其中一首歌的歌詞是：

領袖！領袖！偉大的領袖！
你是大革命的導師，你是大時代的舵手，
讓我們服從你的領導，讓我們團結在你的四周。
……
領袖萬歲！領袖萬歲！
我們永遠跟你走！我們永遠跟你走！

而另一首歌的歌詞是：

姑息逆流激盪，世界風雲劇變，我們要沉著，我們要堅定。

莊敬自強，處變不驚，黑暗盡頭，就是光明！

……

我們在操場上唱得慷慨激昂。但是一直要到很多年之後，我才知道那年的冬天發生了什麼事。就在那一年的十月二十五日，國慶日之後的兩個禮拜，中華民國台灣被趕出了聯合國，當時社會上人心浮動，許多有錢人覺得共產黨就要打過來了，紛紛把房子賣掉，移民美國，結果造成了房地產大跌。

當時學校把我們這些小學生們留在操場上唱愛國歌曲，然後政府在台灣的大街小巷貼滿了「莊敬自強、處變不驚」的標語，其實就是急著要穩定那浮動的人心。

但是當時還是小學生的我們哪裡知道這些？我那時候只擔心自己的功課沒寫完，考試沒有考好，然後放學之後要去哪裡玩而已。還有，雖然我在操

特許，成立了一家「羌仔寮材木商會」，去開發杉林溪跟東京帝大溪頭實驗林的林業資源。

而剛好那一年西班牙流感在全球大爆發，台灣也死傷慘重，棺木熱銷。結果商會一年賣出了三千多副的棺材，發了一筆災難財。但是隔年流感不再流行，棺木的銷售業績一落千丈，再加上庫存太多，所以林家的商會就破產了。

到東京的火車票

在日治時期，坪仔頂村的村民們如果要到城裡，必須先搭乘「輕便車」，也就是用人力推動的鐵道車到濁水溪的南岸，然後再乘坐流籠到達濁水溪對岸的集集鎮，對外的交通非常不方便。

但是村民一旦抵達集集火車站之後，就可以在車站購買直達日本東京的車票。用同樣那一張聯票，旅行者可以搭乘集集線的火車到彰化二水，在二水換乘縱貫線的火車到基隆港，然後乘船到日本九州，上岸後，再轉搭火車到東京。

我聽了之後覺得不可思議。但是我的父親跟我說，其實那沒什麼，當時台灣是日本帝國的一部分，從集集搭火車到東京，也不過是國內的旅行而已。

山村中的台灣史

以上的這些故事，有些是我的父親跟我說的，有些則是我祖父的堂哥林邦光先生在他的自傳中所寫的。林邦光先生生於一八七四年，卒於一九四九年，他在日治時期曾經擔任坪仔頂村的村長以及竹山鎮羌仔寮區的區長，也就相當於現在鹿谷鄉的鄉長。他的漢文底子深厚，晚年用毛筆字寫下了一篇文言文的自傳。

但是在接下來的六十多年當中，林家子弟看得懂文言文的人不多，而讀過林邦光先生自傳的人更少。因為在過去的一百多年間，先是日本殖民政府希望台灣人盡快忘掉中文以及中國的歷史，然後是國民政府希望台灣人盡快忘記日文以及台灣日治時期的歷史。台灣的官方語言變來變去，歷史課本也變來變去，結果搞到好像台灣從來都沒有歷史一樣。

事實上，台灣不但有歷史，而且非常的精采。即使是在鹿谷叢山之中的一個小村落，也曾經有那麼一群人精采而忙碌地活著。

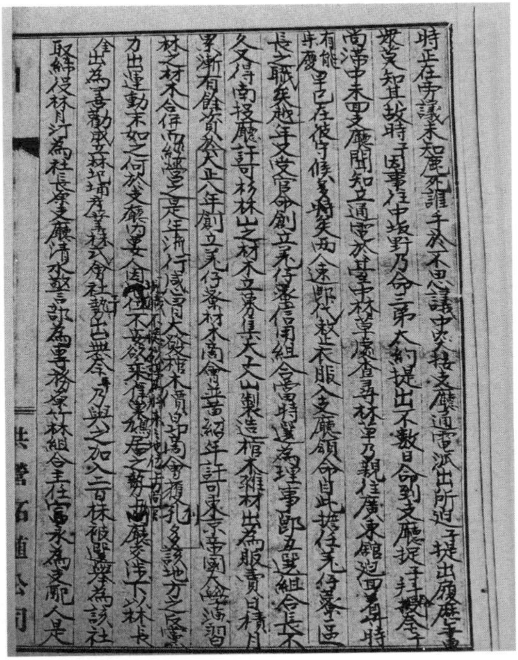

林邦光生平紀事。

兩個經典到有些陳腐的鹿港愛情故事

秀才、小姐與ㄚ鬟

我媽媽的曾祖父丁壽泉先生是彰化鹿港人，他從小讀漢文參加科舉，一路從童試、鄉試、會試往上考，最後在清朝光緒六年，也就是西元一八八〇年的時候，他遠赴北京的紫禁城，跪在皇帝面前參加殿試，考取了進士。現在鹿港著名的觀光景點「丁進士宅」，就是丁壽泉先生的住宅，也是我媽媽她小時候的家。

丁進士生了一個兒子，那個兒子從小被送到彰化北斗一位林老師家的私塾上課，而且後來也順利考上了秀才，成了丁秀才。故老相傳，在丁秀才金榜題名的那一天，他坐上了轎子，讓眾人抬著他在北斗鎮上遊街慶祝。最後大家把他抬到了林老師家裡，讓丁秀才跪在地上向林老師行謝師禮。

就在這時候，林老師的閨女從簾幕後面看到了正在磕頭的丁秀才。她覺得丁秀才儀表非凡，心中暗暗喜歡，從此飯不思茶不飲，得了相思病。林老師跟他的太太察覺有異，幾次詢問閨女，閨女卻總是不說。

後來林小姐的丫鬟跟林小姐說：「這件事情既然你不敢跟老爺和夫人說，那就讓我去說吧，但是萬一老爺跟夫人不高興，他們說不定會把我打死。所以妳必須先答應我，如果事情成了，我要一起嫁過去，當個姨太太，而不再是個丫鬟。」

林小姐答應了，林家的丫鬟也真的去跟老爺和夫人說了，結果林老爺跟林太太不但沒有生氣，反而覺得十分的高興又好笑，說：「這事情還不簡單？我們去跟丁進士他們家講一下不就好了？」於是丁秀才真的跟林小姐結婚了，而林小姐也信守承諾，帶著丫鬟一起嫁過去，丫鬟成了姨太太。

當然，丁秀才就是我媽媽的祖父，林小姐就是我媽媽的祖母。

小學老師與富家小姐

丁秀才跟林小姐結婚之後，甲午戰爭爆發，清廷戰敗，日本人占領了台灣，丁秀才沒有繼續去考科舉，改行當漢醫，然後他跟林小姐也生了一個兒子。

時代變了，丁秀才的兒子長大之後不再讀漢文，不再讀四書五經，他上的是日本人辦的學校，受的是西式的現代化教育。他考上了台南師範學校，畢業之後回到鹿港的鹿港女子公學校任教，成了丁老師。

丁老師在他任教的班上，注意到一位年紀比其他同學大了幾歲，但是天資聰穎，而且長得十分美麗的女學生。原來，在一八九五年日本人占領台灣之前，台灣富有人家的男孩子上的是私塾，而女孩子家中再怎麼富有，也不會被送去上學，也大多不識字。但是日本人來了之後，總督府積極推廣基礎教育，除了要求男孩子要去公學校上學之外，也另外設立了女子公學校，積極的鼓勵女孩子上學。當時鹿港大街上有一位施姓富商，家中的女兒已經

水沙連故事集

草屯的大公雞

大約六十年前，我的父親在台灣的彰化商業銀行工作，而彰化銀行的董事長是不吃雞肉的。當時我的父親覺得很奇怪，因為他曾經遇到過不吃牛肉的佛教徒、不吃豬肉的回教徒、不吃螃蟹蝦子的過敏症患者，但他還是第一次遇到不吃雞肉的。

董事長跟我的父親解釋說，他的祖父在清朝的時候經商，有一次要到水沙連，也就是今天台灣的南投縣一帶做生意。由於當時水沙連還是個很危險的地方，所以漢人商旅通常都會組成了商隊，在水沙連的入口「草鞋墩」，也就是現在的草屯鎮稍作休息整頓，然後再進入番界。

當時董事長的祖父腳上長了一顆膿瘡，而當他在草屯休息的時候，有一隻公雞突然跑來對他的膿瘡啄了一下，讓他痛個半死，無法走路。董事長的祖父非常生氣，但也只好含恨退出了商隊，留在草屯繼續休息。

幾天之後，他得到了消息，原本跟他同行的商旅進入水沙連番界之後，不久就遭到了原住民的襲擊，全部被殺害。從此之後，董事長的祖父再也不吃雞肉，而且還會告誡他的子孫們不可以吃雞肉，因為他認為，草屯的那隻大公雞救了他一命。

坪仔頂失蹤的頭顱

我的祖父的祖父，也就是我祖父的高祖父也是清朝人，他原本住在中國福建省漳州府南靖縣的風霜嶺，在兩百多年前渡海來台灣。一開始，他住在水沙連堡的粗坑庄，也就是現在南投縣鹿谷鄉的初鄉村一帶，而那是一個以漢人移民為主的聚落，也是個相對比較安全的地方。

（Sayyid Ajjal Shams al-Din Omar）。而依照《元史》記載，賽典赤・瞻思丁原本是中亞布哈拉王國（Bukhara）的王子。他在成吉思汗西征路過布哈拉的時候，歸降蒙古，跟著成吉思汗一同攻打花刺子模的撒馬爾罕，立下了不少功勞。所以後來賽典赤・瞻思丁受到了成吉思汗跟忽必烈的重用，擔任過陝西、山西、河北、雲南等地相當於省長級以上的大官。

而依照金庸的武俠小說《大漠英雄傳》記載，當年成吉思汗在攻打花刺子模的時候，蒙古大軍的元帥是大俠郭靖。所以我跟朋友們喝酒，酒過三巡之後，總是開玩笑地跟他們說，我媽媽的祖先跟郭靖是同事，跟黃蓉是朋友。

皇帝賜我吃豬肉

其實在我小時候，我媽媽並不知道她是回族，我的外祖父跟他的堂兄弟們也都不知道他們是回族。而在更早之前的日據時代，當我的外祖父還年輕的時候，鹿港丁家有不少子弟參加了台灣文化協會，一方面從事體制內的抗日活動，一方面學作漢詩。他們當時在身分與文化上的認同，是中國的漢族與儒家文化。

一直到一九八〇年代中國改革開放之後，我媽媽的一位堂哥跑到中國泉州的陳埭去尋根，才發現福建泉州的陳埭丁氏人數眾多、非常興旺。而丁家的祠堂上面掛的匾額旁邊寫了不少阿拉伯文，他們在當地是個著名的回族家族。

丁家的人在明清兩朝熱衷於科舉，有不少人考上了進士，甚至入朝當了大官，所以留下了很多的文字紀錄。

故老相傳，在明熹宗天啟年間，陳埭丁氏家族的丁啟濬在北京的朝廷裡擔任二品太僕正卿，而太監魏忠賢想要陷害他。於是魏忠賢就跟皇帝說，丁啟濬是色目人、是回族，不信的話，就請他吃豬肉，看他吃不吃？

結果明熹宗真的就在紫禁城裡宴請三品以上的官員，每個人奉上豬肉一大塊。丁啟濬當場進退兩難，只能端坐，不敢下箸。皇帝問他為什麼？他回答說：「我的祖先不吃豬肉，所以我不敢吃。我現在十分的為難，因為如果不吃，是欺君之罪；而如果吃了，是背叛祖先。」

明熹宗聽了，覺得丁啟濬很誠實，當場「特賜」丁啟濬可以吃豬肉。而消息傳回福建的陳埭之後，丁家的族人也都開始吃豬肉，並且四處跟人家說：「皇帝賜我吃豬肉。」

我在丁家的族譜中看到了上述那個丁家吃豬肉的故事之後，有兩個感想。第一個感想，是太監魏忠賢果然很無聊，到處陷害人家，就跟傳說中的一樣。第二個感想，是中國的皇權高過於神權。

在中國以外各國的回教徒，都相信真主至大。所以既然真主要我們別吃豬肉，那我們就絕對不能吃豬肉，即使是殺頭也不能吃。

但是回教徒在中國住久了，讀了四書五經，開始考科舉之後，就會覺得皇帝最偉大。所以既然皇帝要我吃豬肉，那我們就吃豬肉，哪裡還去管什麼宗教信仰？

沒有牌位的祠堂

不過話又說回來，在明朝不吃豬肉可能真的是一件很敏感的事情，因為明朝是朱元璋打敗了元朝的蒙古人而建立的。而丁家的祖先在元朝是「色目人」，是蒙古人的忠實盟友，是特權階級。所以色目人也是明朝的潛在敵人。而偏偏色目人大多信奉伊斯蘭教，不吃豬肉。所以明朝的皇帝遇到不吃豬肉的大官，就會格外地謹慎小心。

也因此，在明朝擔任大官而堅決不吃豬肉，可能真的無法通過忠誠度考核，真的是個殺頭的大罪。

依照丁家的族譜記載，丁家在元末明初的時候，原本遵照伊斯蘭教的規矩，家裡沒有祠堂，不拜祖先，只是在每日朝西跪拜。因為依照伊斯蘭教的教義，教徒只能祭拜真主阿拉，不能祭拜祖先。

後來在明朝年間，他們擔心自己色目人的身分被揭露，引來殺身之禍，所以就將設在家裡的清真寺偽裝成漢人祠堂的模樣，只是裡面仍然沒有祖先的牌位。

而即使到了今天，鹿港的丁進士宅雖然有祠堂，但是祠堂裡依然沒有祖先的神主牌。

祭祖

二〇一一年的六月，我因為工作的關係，到中國雲南省的昆明去出差。當時我聽說賽典赤・瞻思丁的墳墓就在昆明附近的松華壩，所以就央求我們公司在當地的代理商開車載我過去看看。

到了墓園，我們發覺大門深鎖，而管墓園的工作人員不知道又跑到哪裡去了，所以我們只好翻過鐵製的欄杆進入。而進到了墓園，我又不知所措，站在墓碑前面不知道要如何是好，因為賽典赤・瞻思丁是伊斯蘭教教徒，伊斯蘭教教徒既不拿香，也不祭拜祖先。我想要對著墓碑行三鞠躬禮，但又不曉得那樣做究竟對不對？

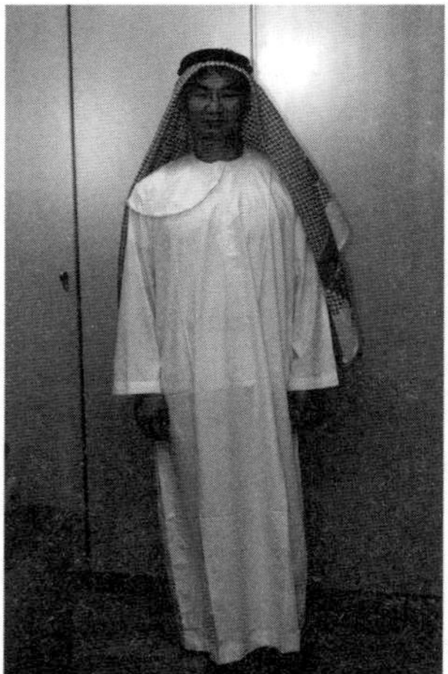

上：於賽典赤·贍思丁的墓碑前。
下：身穿阿拉伯服飾。

所以我想了老半天，決定站在賽典赤・贍思丁的墓碑前面照一張像。

依照《元史》的記載，伊斯蘭教的先知穆罕默德是賽典赤・贍思丁的第三十一世祖先，而依照鹿港丁家的族譜記載，賽典赤・贍思丁又是我媽媽的第二十七代祖先。所以照這麼說，穆罕默德也是我的祖先。

然後當我在寫這篇文章的時候，我又去網路上查了一下維基百科。我發覺穆罕默德曾經說過，《舊約聖經》中的亞伯拉罕（Abraham）是他的祖先。

亞伯拉罕赫赫有名。依照《舊約聖經》的說法，亞伯拉罕原本跟他的使女夏甲（Hagar）生了一個兒子以實瑪利（Ishmael）。後來亞伯拉罕在一百歲的時候，又跟他九十八歲的大老婆撒拉（Sara）生下了一個兒子以撒（Isaac）。然後小老婆夏甲跟大兒子以實瑪利被大老婆撒拉趕到了沙漠，成了阿拉伯人的祖先。而大老婆撒拉跟小兒子以撒留了下來，成了猶太人的祖先。

所以照這麼說，亞伯拉罕不但是猶太人跟阿拉伯人的共同祖先，也是我的祖先。

所以下次我跟我的狐朋狗黨喝酒聊天的時候，我一定要跟他們吹噓我跟亞伯拉罕以及穆罕默德的關係。

喔，不對！回教徒是不能喝酒的。

一個台灣本土家族的二戰史

開戰

一九四一年，我的父親十二歲，在新竹市第一公學校讀小學，他的班導師是著名的畫家李澤藩，也就是李遠哲的父親。十二月八日那一天，李澤藩老師走進教室，默默的站在黑板右方，用粉筆工整地寫上了日本突襲美國珍珠港、太平洋戰爭爆發的消息，然後轉頭用很平靜的語氣跟同學們說：「開戰了。」

我的父親說，他不記得李澤藩老師接下來說了什麼，也可能，李老師當時什麼都沒說。

橡膠球

一九四二年的二月十五日，日軍從馬來半島攻入新加坡，取得了馬來亞大片橡膠園的控制權，大日本帝國舉國歡騰。而為了慶祝，台灣總督府送每個台灣小學生一顆橡膠球。當時我的母親八歲，在鹿港讀小學，她也分到了一顆橡膠球。據她說，那是她小時候一個相當特別而美好的回憶。

但是到了戰爭末期，日軍局勢惡化，日本開始積極地在台灣推行皇民化運動，我的外祖父跟他的堂兄弟們被迫在他們的鹿港丁進士大宅裡，燒掉他們父祖輩留下來的一堆中國古書。多年之後，我的母親還記得那團熊熊烈火，以及她的父親跟叔伯們眼中悲傷憤恨的神情。

P-38

一九四五年三月，日軍局勢再度惡化。當時我的父親在台北中學讀書，他們全校的學生跟台北經濟專門學校以及台北帝國大學預科的學生們被編入了「六二部隊」，在林口入伍，成為駐守當地的學徒兵。

但是美軍的戰鬥機經常到林口掃射，而林口台地地勢空曠，無處可躲。有一次，我的父親看到一架 P-38 戰鬥機低空飛過，駕駛艙裡的美國人一邊開著機關槍，一邊咧嘴而笑，而我的父親只能慌忙地躲進茶園的茶樹叢裡。

還好不久之後，六二部隊奉命下山，移防到淡水河邊的八里。在那邊，他們每晚趁著月色，在沒有美國軍機來襲的時候幫日軍挖散兵坑。

行軍

到了四、五月間，六二部隊奉令再度移防到台北市東北邊的內湖，要去協防松山機場。而為了躲避美國軍機的襲擊，他們選擇在某個下大雨的夜晚開始行軍。但是美國的軍機還是聞風而至，投擲了照明彈之後開始掃射。

我的父親扛著兩支義大利製的步槍，在泥濘與雨水間沿著淡水河左岸連夜向南疾行，在隔天凌晨，他們終於跨過了台北橋，抵達台北市的河合國民學校，也就是現在的延平國小。據我的父親說，他隨便找了間教室，倒頭就睡，睡得不醒人事。

他根本就沒有力氣再去理會外面還持續不停的轟炸跟掃射。

轟炸

在內湖山上的新營區裡，六二部隊的學徒兵們自行用竹子搭建了他們的軍營。然後到了一九四五年五月三十一日，美軍大舉轟炸台北市。我的父親跟同伴們站在內湖的山上遠遠地觀望，看著美軍的 B-24 轟炸機來回投下炸彈。

有人看到台灣總督府被炸了，消失在一團煙霧之間，興奮的大喊：「倒了、倒了！」

但是煙霧消散之後，總督府依然挺立，只是缺了一角，於是又有同伴興奮的大喊：「沒倒、沒倒！」

投降

一九四五年八月十五日，我的父親帶著幾名學徒兵同伴從內湖營區走路到台北市的中央市場，在那邊領取了配給的蔬菜。回程經過松山機場的時候，他們聽到了日本天皇的「玉音放送」。

我的父親說，當時廣播的音質很差，聲音斷斷續續的，天皇的日語也不是很好懂，但是他跟同行的台籍同學們看到一群日本人跪在地上痛哭，大概就明白了是怎麼一回事，日本應該是宣布投降了。

慶祝

一九四五年八月十五日同一天，我的母親在鹿港也聽到了日本戰敗的新聞，她懷著悲戚的心情回家，卻發現他的父親以及堂叔、堂伯們正在家裡高聲慶祝。當時我的母親覺得非常迷惘，不曉得為什麼家裡的長輩們會為了國家的戰敗而陷入狂喜？

抗日

我從小就聽我的母親說過，我的外祖父曾經在日據時代參加一些反日的演講活動。但是直到最近幾年，我才清楚的知道，我的外祖父丁瑞乾與他的堂兄丁瑞魚、丁瑞圖跟賴和、陳虛谷、吳蘅秋、石錫勳、葉榮鐘等人多有往來。他們在日據時代對抗日本總督府，爭取台灣的自治，而在二二八事變之後，他們之中又有許多人加入了反國民黨的行列。

文盲

日本投降了。一九四五年九月二十日左右，台北中學、台北經濟專門學校，以及台北帝國大學預科的學徒兵們在台北經濟專門學校的棒球場集合，由日軍的鍋島大佐主持了一場隆重的部隊解散儀式。

而部隊解散之後，我的父親跟他的同伴們又回到了學校上課。但是突然之間，「國語」由日語變成了北京話，課本跟考試的內容由日文變成了中文。而他們也從知識青年變回了文盲。

身分認同

四十二年之後，台灣在一九八七年七月十五日解除戒嚴，而我也剛好在那一天入伍，到中和的國防管理學院受訓。入伍後不久，連上的原住民輔導長跟我們說，當時適逢七七事變五十週年，國軍有一個紀念活動，要我們這些學員們各自上台，分享我們的父兄在抗日戰爭中的英勇事蹟。

我當時就覺得很荒謬。我父親在二次大戰期間參加的是日軍，不是中國軍。而且在二次大戰期間，台灣參與的其實是美國跟日本之間的「太平洋戰爭」，而不是中國跟日本之間的「八年抗戰」。要一個台灣原住民輔導長跟一群台籍預官學生們討論他們父兄在八年抗戰中的英勇事蹟，這本身就是台灣荒謬的近代史的一個寫照。

台灣在二次大戰中的故事十分精采，因為這其中充滿了衝突與矛盾。這些衝突不是行動上的衝突，而是內心的、身分認同上的衝突。這種衝突，陰魂不散地跟著台灣人，一直到今天都還在。

林家兄弟在日本逃難的故事

戰火中的戀情

我的父親他們兄弟一共有五個人，我的父親排行老五。他的三哥與四哥，也就是我的三伯跟四伯，在日據時期都從台灣坐船到日本讀大學。

後來太平洋戰爭爆發，我的三伯行事謹慎，早早就從東京疏散到福島縣的鄉下去了。他白天在一家軍工廠工作，晚上住在田裡的一間獨立小屋當中。但是有天他在上班的時候，一架美國軍機不知道哪根筋不對，居然對著他那間獨立小屋瘋狂掃射，把他的家給毀了。

我的三伯無奈之下，只好再去附近跟一家日本人租房子。後來他愛上了日本房東的女兒，娶了她回台灣。當然，那位日本房東的女兒，就是我的三伯母。

相較之下，我的四伯行事向來大膽。當美國軍機不斷轟炸東京的時候，他還是堅持住在東京市區裡。到了後來，他的住家附近已經成為一片廢墟，就只剩下他所住的房子還在，孤零零地挺立著。而當時剛好有一位也在日本留學的台灣女大學生因為房子被炸了，沒地方住，所以就去投靠我的四伯，成了我四伯的女朋友。兩人論及婚嫁，只是後來雙方的家長有一些意見，所以在戰後分手了。

我的三伯與四伯在太平洋戰爭中都談了戀愛，但是兩人談戀愛的機緣完全相反。我三伯是因為怕死，而他在鄉下的獨立小屋是附近唯一被美軍摧毀的那一棟；我四伯是因為不怕死，而他在東京市區的公寓是附近唯一沒有被美軍炸毀的那一棟。

相約返鄉的兄弟

一九四五年八月，太平洋戰爭結束，日本投降。我的三伯跟四伯在東京重逢，兩兄弟非常高興，一起買了火車票跟船票要回台灣。但是弟弟行事快速果決，而哥哥做事慢吞吞的，又喜歡碎碎念，所以一路上齟齬不斷。火車到九州的時候，兩人大吵一架。我的三伯打了我四伯一巴掌，從此兩人就分道揚鑣，各自搭船回台灣。

十多年後的一九五八年，八二三砲戰開打，我的三伯又馬上帶著家人從台北疏散到我們南投鹿谷的老家。後來當然沒事，但是我的三伯因為這件事情被我的四伯笑了一輩子。

其實我的三伯跟我的四伯兩人感情很好，只是個性不太一樣，所以他們經常互相抱怨，互相取笑。我的三伯在戰後開了一家輪船公司，但是他常常被我的四伯笑，說他當了輪船公司的老闆卻不會游泳。而我的四伯戰後在一家台日合資的汽車零件工廠擔任負責人，並且還當過台灣汽車零組件產業協會的理事長。但是他也常常被我的三伯笑，說他在汽車工業做了那麼久，卻一直不會開車。

鋁製的頭盔

在一九四五年太平洋戰爭末期，美軍的 B-29 型轟炸機組成了數百架的大型編隊，從太平洋的塞班島跟天寧島起飛，不斷地轟炸日本各個城市，造成五十多萬人死亡，七百多萬人無家可歸。單單在一九四五年三月九日晚上的那場東京大轟炸，就有超過八萬的東京市民死亡。

我的父親當時只有十五歲，是台北中學的學生。由於戰爭時期新聞管制的關係，他其實並不知道日本本土的戰況有多麼的慘烈。不過有天他在台北街頭看到有家雜貨店正在賣鋁製的頭盔，還是買了一頂寄到東京去給他的四哥，也就是我的四伯父。

我的四伯收到頭盔之後不久，美軍的 B-29 又來東京轟炸，他那天跑得比較慢，當他匆匆忙忙地戴上了那頂鋁製頭盔跑出去找防空洞的時候，美軍的燒夷彈已經紛紛落下，其中有一顆就在他的頭頂上炸開，燃燒中的膠狀汽油像綿密的雨滴一樣灑在他的鋁盔與外套上面。我的四伯急忙脫掉了他的鋁盔，躺在地上打滾，將他身上的火焰打熄，驚險地逃過了一劫。

我的父親跟我四伯相差八歲，是家中的小弟弟。後來我的四伯總是喜歡跟他的朋友說，他的小弟在東京大轟炸中救了他一命。

戰鬥機飛行員的護目鏡

我的四伯是他們兄弟中最會讀書的。我小時候就聽說，他是台灣省立工學院，也就是現在的成功大學的電機系在戰後的第一屆畢業生。但直到最近幾年，我才從我的父親那裡得知，我四伯當年到日本讀的是早稻田大學的理工學部。

早稻田是日本的名校，但是在太平洋戰爭期間，即使是像早稻田那樣的名校，學生們也紛紛自願去從軍。依據我在網路上查到的資料，在一九四三年三月，就有超過兩千名的早稻田學生志願加入了日本海軍，而其中又有三百八十人成功的申請進入海軍飛行員預備學校。

在那樣的氛圍之下，想來我的四伯應該感受到了很大的壓力。但我的四伯知道他終究是個台灣人，而不是真正的日本人，所以他不想去為日本人送死。他不但沒有志願去從軍，而且還設法躲避徵兵。一直到了戰爭末期，當所有的大學都停課了之後，我的四伯才被分配到日本軍方的航空研究所去擔任工程師。

我小時候曾經看過一張我的四伯在那段時期所拍的黑白照片，他站在一架戰鬥機的機翼上面，戴著戰鬥機飛行員的護目鏡，斜倚著駕駛艙，顯得非常地帥氣。當然，我知道我的四伯當時只是個工程師，不是戰鬥機的飛行員，他並沒有那麼傻，他不會去當神風特攻隊的飛行員。

我的四伯在戰後把那副飛行員護目鏡帶回了台灣，送給了我父親。然後在我讀小學的時候，我的父親又把那副護目鏡給了我當玩具。我小時候跟鄰居的小朋友們玩，有時候還會戴著那副護目鏡跑來跑去，想像自己是零式戰鬥機的飛行員，覺得自己也非常地帥氣。

然後又過了很多年，在十多年前我父親搬家的時候，我回去我小時候所住的房間整理東西，我看到了那副護目鏡，隨手就將它打包放進某個紙箱，然後將那些紙箱運回了我們在南投鹿谷的祖宅，堆放在閣樓的儲藏室裡。

所以那一副日本戰鬥機飛行員的護目鏡，現在應該還躺在我們南投鹿谷老家的閣樓上的某個紙箱裡。當我寫這篇文章的時候，我很想去將那副護目鏡找出來，只是閣樓上的紙箱實在太多了，我也不知道要從何找起？

一個台灣小孩在青島成長的故事

竹山

一九三一年，我的大表哥陳俊雄出生於台中州竹山郡。他的祖父陳獻瑞原本是清朝的武秀才，他們家是竹山當地的大地主。

武秀才在一九二〇年代把他的四個兒子送到日本念中學。但是由於武秀才的弟弟在竹山擁有一間很大的碾米廠，卻沒有人繼承，所以武秀才就發了一封電報去東京，把他的二兒子叫回來台灣，然後過繼給他的弟弟。

於是武秀才的二兒子成了碾米廠的小開。碾米廠的小開在一九二九年娶了我的大姑當太太，成了我大姑丈，並且在兩年後生下了我的大表哥。

一九三七年中日戰爭爆發，我的大姑丈有一天在竹山看報紙，看到有一則新聞說，由於戰爭的關係，日本缺乏軍醫，所以長崎醫科大學決定招收台灣跟朝鮮的學生。

我的姑丈決定去報考，結果居然讓他給考上了。於是他在一九三八年再度前往日本，成了一位醫學院的學生。

青島

隔年（一九三九），日本在中國青島另外成立了一家「青島醫科大學」，同時要求在長崎醫科大學的台灣跟朝鮮裔的學生們轉學到青島就讀。於是我的大姑丈帶著我大姑還有三個兒子前往，然後我的大表哥就在青島度過了他的童年。

我的大表哥說，當時的青島市很漂亮很乾淨，到處都是德國式的建築物，而他在放學之後，經常到小河裡去抓魚。
但是到了他讀小學五、六年級的時候，戰爭局勢惡化，他跟同學們不再去學校念書，而是被分派到青島的工廠裡去做炸彈。
當時有一些比我大表哥還大個兩三歲的學生們被派去學開飛機，但是教官只教他們起飛，並沒有教他們如何降落，說是沒有必要。
當時學生們也不覺得特別奇怪。一直到多年之後，他們才知道，他們受的是神風特攻隊的訓練。

天津

一九四四年，我的大姑丈從青島的醫學院畢業。原本要被分發到海南島去當軍醫，但是日本教授看他已經有五個小孩，所以特別幫他求情，把他改分發到中國天津的日軍防疫所工作。
我的大姑丈一家人因此躲過了一劫。因為開往海南島的那艘船在經過台

①我的大姑丈陳善述醫師。

②1938年我的大姑、大姑丈一家人前往日本前在家門口合照，前排左一是我的大姑，右一是我的大姑丈，右二是我的大表哥。

東外海的時候，被美軍的潛水艇炸沉了，死了十幾個青島醫學院的應屆畢業生。

我的大姑丈帶著妻小到天津行醫，沒過幾個月，日軍就戰敗投降了。派出所的人通知我大姑丈，要他去市政府登記，等著安排船隻被遣送回日本。還好有好心人跑去提醒我大姑丈，他是台灣人，不是日本人。而我的大姑丈也轉念一想：「對吼，我是台灣人，所以應該算是戰勝國，不是戰敗國耶。」

於是我的大姑丈帶著一家人從秦皇島搭貨船到了上海，準備從那裡再搭船回台灣。

上海

一九四五年秋天，我的大姑丈一家人在上海待了一個多月，一直等不到船，於是我大姑丈就在上海碼頭行醫，用他那生澀的華語跟當地病人溝通。

而我的大表哥那時候已經十四歲了。他閒閒沒事幹，每天就帶著幾個弟弟到處亂逛。

有一天，他在黃浦江的碼頭上看到有一艘開往浦東的渡船，而且小孩子搭船還不用錢，於是他就帶著幾個弟弟上了船。

但是他們到了浦東之後，卻發現那只是個漁村，什麼都沒有。然後他們不但找不到回浦西的船，而且更糟糕的是，他們只會說日語跟台語，完全沒辦法跟浦東當地的漁民溝通。

這個週六我跟我大表哥一家人吃飯。他已經九十二歲了，但是頭腦還很清楚。他跟我們說了上述的這些故事。

他說，他已經忘記他們最後是怎麼從浦東找到路回到浦西的。他只記得，他回到家之後，被我大姑痛罵毒打了一頓。

一九四五，一個殖民地青年的中國夢

回鄉

一九四五年我的父親十六歲，在台北內湖擔任日軍的學徒兵。八月十五日那天早上，他跟幾個同伴到台北市的中央市場領取配給的蔬菜，回程經過松山機場的時候，聽到了日本裕仁天皇的玉音放送，也知道了日本戰敗投降的消息。

一個新的時代開始了，全台灣既興奮又茫然地面對一個不可知的未來。

到了九月中，我父親所屬的日軍六二部隊解散了，他也回到了南投鹿谷叢山之間的坪仔頂村老家。我的祖母看到兒子歷劫歸來，非常高興，但是卻不准我的父親進家門。她先找人把家裡的日式木浴盆搬了出來，放在林家三合院前的曬穀場上，然後燒了一大桶熱水，要我的父親脫光了衣服跳進去洗澡，接著又用熱水煮了我父親的所有衣物。因為我父親就如同當時的所有軍人一樣，身上長滿了蝨子。

失學

我的父親當時是台北中學的學生。由於戰爭的關係，他們已經一整年都沒有上課，但就算要復學，老師們也不知道要如何上課，因為台灣的官方語言已經改成了中文，而他們原本所用的課本都是日文的。

一方面，老師跟學生們都不想再用日本殖民者所留下的教科書。另一方面，就算他們能找得到中文課本，他們也沒辦法上課，因為學生看不懂中文，老師也看不懂中文。結果糊裡糊塗的，我的父親跟他的同學們就算是中學畢業了。

隔年一九四六年，台籍士紳朱昭陽、林獻堂、蔡培火、吳三連等人在台北籌設延平學院，並在九月開始招生，我的父親趕去報名，並且順利的通過考試，獲得錄取，成了夜間部的學生。

二二八

一九四七年的二月，我的父親回南投過寒假，二二八事件在台北爆發了，全台大亂。我的父親說，當時他住在集集鎮他大哥所開的診所裡。有一天他正在診所門口幫親戚整理採收的菸葉的時候，看到一群台中一中的學生們腰配著鐮刀，踏著整齊的步伐從診所的門口走過，那應該是謝雪紅等台灣人所組成的反抗軍二七部隊，當時因為南投大雨，草屯附近的道路不通，所以繞道從集集前往埔里。

然後過了幾天，我的父親坐在診所門口，又看到許多國軍的卡車從診所門口經過，同樣是朝埔里的方向前進。卡車上除了載滿士兵之外，車頂上還架著機關槍。而那應該是去追擊二七部隊的國軍第二十一師。

我的父親就這樣坐在門廊之下，看著台灣的近代史匆匆忙忙地從他的面前走過。

中國史

幾個月後，二二八事件逐漸平息。可是由於延平學院有許多師生在二二八事件中自行建立組織以維護社會秩序，結果事後被政府視作暴亂分子，紛紛予以逮捕或是槍斃，所以延平學院被迫關閉，而我的父親也再度失學了。

還好到了一九四八年，台灣省政府開始招考自費留學生，要保送他們到中國大陸去上大學。我的父親覺得那是一個很好的機會，於是就去報名。

但是考試的科目之一是中國史，而我父親的中文程度太差，根本看不懂中文版的歷史課本，所以他就去找了一本他哥哥從東京帶回來的日文版「支那史」，然後用毛筆將書本封面的「支那」劃掉，在旁邊寫上了「中國」兩個字。於是那本「支那史」就變成了「中國史」。

我的父親讀著那本日文的中國史，然後用中文在考試中作答，結果他用這種奇特的方式，順利的獲得錄取，被保送到廣州中山大學的政治系就讀。

廣州

一九四八年九月，國共雙方在中國的東北及濟南激戰，而我的父親從基隆港搭乘永生輪船前往香港。他在遠房親戚家住了幾天之後，坐渡輪到九龍，然後從九龍搭火車到廣州。

等到他抵達廣州火車站的時候，天色已經接近傍晚。車站的人跟他說，如果趕著當天晚上出發到中山大學的話，路上可能會被土匪攻擊，非常危險。於是我的父親在只好先待在車站裡。車站的工作人員在天黑之後，拉下了大鐵門以保護站內人員的安全，而我的父親則是在車站的長條椅子上睡了一夜。

隔天早上，好幾輛從廣州車站開往中山大學的巴士結成了車隊，前後由載滿了士兵的卡車護送，浩浩蕩蕩地載著我父親等人前往中山大學。然後又過了幾天，我的父親聽到消息，就在他抵達廣州之後的隔一天，共產黨的游擊隊炸掉了他原本所乘坐的那班港九鐵路火車。

國破山河在

我的父親開始在中山大學政治系讀書上課。但是局勢越來越亂。惡性通膨開始了，學校的宿舍開始缺糧。我的父親依據他在太平洋戰爭中的經驗，已經有了節衣縮食的準備。但是許多同學告訴他，大家要想辦法盡快把學校的糧食吃光，這樣才能逼迫政府給他們更多的經費，而且時局也才會更亂。

很顯然的，那些同學都是共產黨的支持者，他們想要趁機搞破壞。但是中山大學也有國民黨的忠實支持者，所以在將近四十年之後，我在父親的書架上找到一本他在中山大學讀書時所用的法學課本，在其中一頁的空白處，我的父親寫著：「國破山河在，城春草木深，感時花濺淚，恨別鳥驚心。」

我猜，那應該是中山大學的某一位國民黨教授有感而發，在黑板上寫下了那段杜甫著名的詩句吧？要不然以我父親當時的中文程度來說，他應該是識不得多少唐詩的。

土匪與縣長

一九四九年一月，共軍在徐蚌會戰中徹底擊敗國軍，而中山大學的學生們也開始各自為自己的生路做打算。有一位從湖南來的同學勸我的父親說，與其回台灣，不如跟他一起回湖南老家去避難好了。

我的父親問他：「現在的局勢這麼亂，如果我們路上被搶了，或是盤纏用光了，那要怎麼辦？」

那位同學說：「怕什麼，我們兩人身強力壯的，如果我們沒錢了，就去搶別人啊。」

我的父親在日據時期的台灣長大，一輩子沒有想過要搶別人這回事，所以他當然不敢。

之後又有共產黨的同學私下跟我的父親說：「林同學，你是中山大學政治系的學生，又是台灣同胞，前途不可限量，不如就留下來吧？過不了幾年，你一定可以當上個縣長。」

我的父親還是不敢。不過當時中山大學政治系還真的有其他台灣同學留了下來，而且幾年之後也真的當上了縣長。只是後來那位台灣同學卻音訊全無，也不知道他是在文化大革命中被鬥了，還是在什麼運動之中被整死了？

雪萊

一九四九年年初，我的父親決定回台灣過寒假。他從香港搭乘盛京輪前往基隆的時候，隨身帶了一本從中山大學圖書館借出來的日文版《雪萊詩集》，在船上一邊看著風景一邊讀。當他讀到「冬天來了，春天還會遠嗎？」時，不禁想起了中國大陸紛亂的局勢，同時也還懷抱著一絲希望。

廣播裡的審判

在同一時間，我父親的一位好友陳君也被台灣省政府保送到南京的國立政治大學讀書。而政治大學是國民黨的黨校，也是共產黨的眼中釘。

一九四九年四月，中共的解放軍南下，隔著長江與國軍對峙，並準備渡江。有一天晚上陳君聽到共軍的電台廣播，廣播裡共產黨沒有經過審判，直接就對政治大學的所有師生們宣布了刑期。說該校的正教授要被關多少年，副教授要被關多少年，然後各個年級的學生又要分別被關幾年、幾個月等等。

陳君聽了廣播之後也不以為意，覺得不過是敵人的政治宣傳而已，所以就去睡覺了，沒想到隔天醒來之後，整個校園裡空空蕩蕩的，所有的老師跟學生們都逃走了，就只剩下陳君跟其他幾位台灣同學還在。

於是陳君跟其他幾位台灣同學們也倉皇逃命，一路逃回了台灣。

復學

我的父親在台灣一邊過寒假，一邊等著中山大學開學。但是他從一九四九年的三月等到了九月，卻一直沒有收到學校要開學的通知，於是他寫了一封陳情書給台灣省參議會，要求政府安排讓他插班就讀台灣本地的大學。

陳情書中寫道：「竊生等係去年蒙台灣省政府教育廳保送到內地各國立

大學肄業，負了內台文化交流之橋梁的大使命，懷抱著建設三民主義新台灣的大希望，而不顧一切困難，毅然地渡海赴內地就學，在惡性通貨膨脹之下接濟極困難，隨之影響學業。然生等慮使命之重大，仍勉強維持。不料自各院校放假以來，紅禍加速蔓延，各地淪陷共匪之手。現在廣州亦成為疏散區，政府機關紛紛遷台，現在各院校開學在即，生等因原校肄業實不可能，如果棄而不理，則生等的學業半途而廢，身無一藝，以（已）快作為社會的寄生階級矣。心甚惑焦急，但無見一法。」

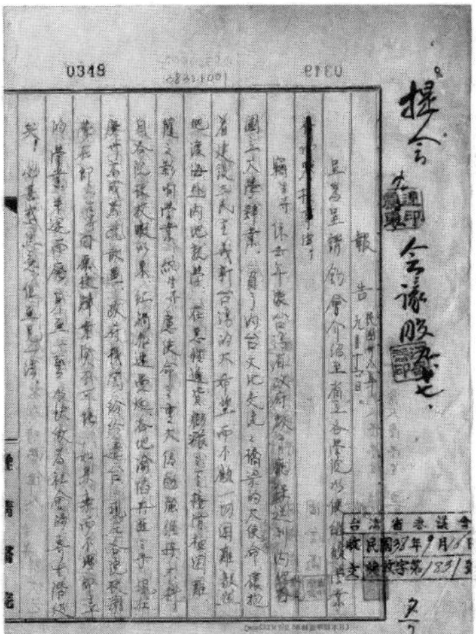

我的父親林惟堯先生寫給台灣省參議會，請求在台灣插班復學的公文。

對一個只學過四年中文的台灣學生來說，能寫出這樣文情並茂的文章，應該算是很厲害的了。

幻滅

一九四九年十月，我的父親在台灣的報紙上看到共軍已經兵臨廣州城下，而廣州的國軍領袖們紛紛表示要「死守廣州」。受日式教育長大的父親覺得非常的悲壯，以為在廣州的國軍會跟太平洋戰爭中的日軍一樣，戰至最後一兵一卒，然後集體切腹自殺。但是不久之後，共軍幾乎兵不血刃的就進到廣州城，廣州城裡的國軍要不是變節投降，就是一哄而散。

這時候我的父親已經插班進入台灣師範學院的教育系，不再是政治系的學生了。而且他從此視政治為畏途，不但自己沒有從政，而且每次當我稍稍涉足政治活動的時候，他就會像他們那一輩的大部分台灣父母一樣，嚴厲地告誡我：「中國的政治很可怕，不要碰政治！」

丁韻仙的故事

在我很小的時候，我就聽我的母親還有大姨說過，她們有個堂姊叫做丁韻仙，是鹿港丁家的問題人物。

在一九四一年到一九四五年的太平洋戰爭期間，日本殖民政府積極地在台灣推動皇民化運動，而丁韻仙是彰化女中的學生。有一天，在學校的家政課裡，日本老師打算要教學生們如何穿戴日本式的新娘禮服，但是當天丁韻仙偏偏就帶了她母親出嫁時的傳統台灣式新娘禮服到學校，把家政老師氣個半死。

日本殖民政府鼓勵台灣人改日本姓氏，但是丁韻仙卻在學校裡暗中散發紙條，上面寫著：「日本人要給台灣人滅族滅宗，我們不要上當，別忘了我們是中國人。」「我們要為祖國流盡最後一滴血！」當然，她所說的祖國不是日本帝國，而是當時正在跟日本帝國作戰的中華民國。

彰化女中時期的丁韻仙。

丁韻仙的生父是我母親的堂姑丈陳虛谷，而她的養父是我母親的堂伯父丁瑞圖。陳虛谷跟丁瑞圖都是台灣日據時代知名的反日知識分子，丁韻仙受到他們兩人的影響，從小就對日本殖民政府沒有好感。

每個週末彰化女中放學時，丁韻仙都是最後一個離開學校，並且在離校前，把學校裡的每一盞電燈跟水龍頭都打開。後來她被發現了，彰化女中的日本老師厲聲責問她為什麼要這麼做？丁韻仙很鎮靜地回說：「我要耗盡你們日本帝國的國力。」

一九四一年，在丁韻仙畢業之前兩個月，她終於被捕了。她被關進了彰化監獄，而且剛好就被關在作家賴和隔壁的牢房裡。賴和在他的日記裡寫道，他當時一眼就認出那是他的朋友陳虛谷的女兒、丁瑞圖的養女。有一天，丁韻仙跟牢房裡的另一位潘先生起了小衝突，賴和勸丁韻仙去跟潘先生道歉，但是性情剛烈的丁韻仙堅持不肯。

丁韻仙是一名政治犯，每個月必須接受一次政治考核。而當時負責考核丁韻仙的是一位日本官員。他總是問丁韻仙：「如果今天我們把妳放出去，而妳走在回家的路上，有一部滿載日本軍的運兵車從妳的前方慢慢駛來，而地上剛好有一顆手榴彈，妳會不會有一股衝動，想要撿起手榴彈，往運兵車丟過去？」

丁韻仙總是回答：「我會。」

幾個月之後，那位日本人檢察官終於忍不住流下了眼淚。他跟丁韻仙說，丁韻仙讓他想起了他遠在日本家鄉的女兒，因為兩人的年紀差不多。所以只要丁韻仙願意配合說出日本政府所要的答案，那他就可以放丁韻仙出去。

但是丁韻仙終究還是不肯。

丁韻仙被捕的那一天，我的大姨還在讀小學。當她放學回家的時候，她看到丁家大宅的門口站著兩名腰間佩刀的日本警察，阻擋所有丁家以外的人進入，而丁家大宅的天井裡燒起了熊熊大火，其他幾位日本警察正監督著丁家的子侄們從他們的書房裡搬出各種中文線裝書，然後一一投入火堆。

日本警察輪流訓斥丁韻仙的母親以及長輩們，說丁家的人都不是好東西，丁家人的人要造反了。

我的母親也曾經跟我說過，那股冒著黑煙的熊熊大火，以及丁家長輩們的悲痛神情，是她小時候永遠難忘的回憶。

丁韻仙被捕的時候，我的大姨小學快要畢業了，正好要報考彰化女中。她的級任老師跟她都很擔心，因為丁韻仙的關係，彰化女中恐怕會拒絕讓她入學。

於是我大姨的級任老師找我的外公、外婆商量，希望我大姨在報考彰化女中的時候，把姓「丁」改成姓「町田」，一方面，是要避免學校注意到她跟丁韻仙的關係，另一方面，也是對日本殖民政府表達順從之意。但是這個想法馬上就被丁家長輩否決了。丁家的長輩們覺得考不上彰化女中事小，改姓茲事體大。

而果不其然，我的大姨雖然高分通過了筆試，但是在口試的時候，考官的第一句話就是：「丁韻仙是妳的什麼人？」

我的大姨覺得她肯定是要落榜了，因此在口試之後，天天以淚洗面。還好，彰化女中的考官們問歸問，最後還是讓我的大姨錄取了。

丁韻仙被監禁一年多之後，終於在一九四二年被釋放。她到台中市去找當時在台中一中就讀的堂弟，因而認識了她堂弟的同學盧伯毅。兩人開始熱戀，並在一九四四年結婚。

結婚之後的隔一年，日本戰敗投降，再隔年盧伯毅考上了台灣大學經濟系，接著一九四七年二二八事件爆發。盧伯毅加入了反抗國民黨的二七部隊，但是二七部隊旋即戰敗，盧伯毅開始逃亡。

一九四八年，盧伯毅搭船逃往日本，從此音訊全無。而當時丁韻仙已經跟盧伯毅生下了兩個女兒，而肚子裡還懷著他們的第三個女兒。丁韻仙雖然是大戶人家的小姐，但是失去了經濟支柱之後，只能住在丁家大宅里，靠著親戚的資助，茹苦含辛的將三個女兒養大。

一直到將近四十年之後，一九八七年的十二月下旬，丁韻仙突然收到一封盧伯毅從韓國寄來的信。於是她才知道，原來在一九四八年，盧伯毅搭船逃往日本的時候，中途遇到暴風雨，船隻轉往仁川，而盧伯毅的行李遭到韓國海關的扣留，因此一時無法離開。

接著一九五〇年韓戰爆發，盧伯毅又經歷了幾番戰亂，最後才在一個韓國漁村裡定居了下來。他在當地另外娶了一個韓國太太，另外生了兩男兩女。

盧伯毅在信中表示，他希望能與丁韻仙母女見面。但是丁韻仙回絕了，她跟她的女兒說：「他耽誤我的青春、我的愛情，我可以原諒他。但是，一個革命者，貪生怕死，我瞧不起他。」註

當時盧伯毅已經中風，而他的韓國妻子已經過世。但是一直到盧伯毅在一九八八年過世，丁韻仙都沒有再跟他見過面。

註：「日治作家陳虛谷之女——丁韻仙水彩畫全國首展」，記者陳思嫻，二〇〇七年十月十八日。

錢德拉之死

松山機場

一九四五年八月，我的父親十六歲，在內湖擔任日軍的學徒兵。有一天早上，他奉命到台北市內的中央市場領取配給的蔬菜。當他走路經過松山機場的時候，看到機場的跑道盡頭有一架墜毀的日軍運輸機。而日本人長官跟他說，那架飛機是「チャンドラ」的，但是我的父親一直搞不懂，「チャンドラ」究竟是誰？

一直到七十多年後，二〇一六年的某一天下午，我的父親跟我聊天聊到了這件事情。經過我的網路查證之後，我們父子兩人才終於搞清楚，原

來「チャンドラ」就是印度獨立運動的要角蘇巴斯・錢德拉・鮑斯（Subhas Chandra Bose）。

印度國大黨

錢德拉曾經與甘地、尼赫魯齊名，他的頭像出現在印度的各種鈔票與錢幣上，而現在印度加爾各答的國際機場，也是以錢德拉命名紀念。

在第二次世界大戰結束之前，印度一直是英國的殖民地，而印度人民在聖雄甘地的領導之下，組織了「印度國大黨」（India National Congress Party），並透過「不合作運動」來爭取獨立。

1930年左右的錢德拉

錢德拉原本是甘地的忠實追隨者，並且曾經在一九三八年當選印度國大黨的總理。但是相對於甘地與尼赫魯的和平抗爭手段，錢德拉更傾向於武力革命。

一九三九年，錢德拉跟印度國大黨的其他幹部們終於鬧翻。他辭去了黨總理的職位之後，接著被英國殖民政府軟禁，但是他神奇地逃脫，一時行蹤成迷。到了一九四一年，他又突然出現在納粹德國，在那邊尋求德國的軍事協助，與印度人民一起對抗英國殖民者。

納粹德國

納粹德國將隆美爾將軍在北非所擄獲的三千名印度裔英國士兵交給錢德拉，讓他組織成一支軍隊，準備要跟德軍一起從中東殺回印度。

但是到了一九四三年，德國在中東的攻勢受阻，錢德拉帶兵從中東殺回印度的計畫已經不可能實現，於是希特勒派了一艘潛水艇，把錢德拉從德國送到非洲東岸的馬達加斯加島，然後讓他在那邊換乘另一艘日本潛水艇，回到當時日軍占領的東南亞。

日本皇軍

日軍也將他們在進攻新加坡時所擄獲的四萬多名印度裔英軍士兵交給錢德拉，讓他組織了另外一支軍隊，跟著日軍在一九四四年三月從緬甸一起殺回印度。

但是日軍在印度的攻勢同樣受阻，錢德拉的軍隊死傷大半。

一九四五年八月十五日，日軍戰敗投降，人在新加坡的錢德拉急忙搭乘一架日軍轟炸機，先到泰國的曼谷跟越南的西貢加油，然後轉往台北，預計在台北的松山機場加油之後，再飛往滿洲國，與當時已經占領滿洲國的蘇聯談判，希望借助蘇聯的力量來繼續對抗英國。

但是在八月十八日，錢德拉所搭乘的日軍轟炸機在台北松山機場起飛時發生嚴重的機械故障，整架飛機墜落在機場跑道的盡頭。他受到了嚴重的燒傷，被送到台北市南門町的台北陸軍醫院，最後就死在那裡，死時享年四十八歲。

不死傳奇

消息傳回印度，許多印度人都不願意相信這個消息。他們認為錢德拉只是假死，他還活著，並且會繼續帶領印度人對抗英國的殖民政府。

然後關於錢德拉的各種鄉野傳說，不斷地在印度各地流傳著。有人說他順利逃到了蘇聯；有人說他在中國大陸；有人說他到了蒙古；有人說在印度孟買一列火車的三等車廂裡遇到他；有人說他出現在第一任印度總理尼赫魯喪禮的火化儀式上；也有人說他已經化身為一個印度教的修行者，隱姓埋名地遊走在印度北方。

而印度政府為了平息這些爭議，分別在一九四六年、一九五六年、一九七〇年、一九九九年組成了不同的官方調查委員會，調查各種關於錢德拉未死的傳聞。

但是信者恆信，不信者恆不信。一直到二〇一九年，一部關於錢德拉未死傳說的新拍電影《*Gumnami Baba*》仍然在印度大賣。

失蹤的鑽石

我將這些故事講給我的大姊聽，而我的大姊又將這些故事講給她的婆婆聽。

我大姊的婆婆聽了之後說，她也見過「チャンドラ」的飛機。因為在一九四五年八月，她十四歲，是台北第三高女的學生。

日本投降之後幾天，她們的老師帶她們去松山機場跑道的盡頭，要她們在一架飛機的殘骸裡面尋找鑽石。日本人老師跟他們說，那架飛機是「チャンドラ」的，而チャンドラ隨身帶了很多的鑽石。日本政府覺得第三高女的女學生們比較誠實可靠，所以才把尋找鑽石的重要任務交給她們。

我大姊的婆婆跟她的同學們沒有找到任何鑽石，而她原本也一直搞不懂，「チャンドラ」那個神秘人物究竟是誰？

所以對我的父親跟我大姊的婆婆來說，錢德拉也是個謎一般的人物，他的死也曾經是個未解的懸案，而那個懸案，終於在七十多年之後由我跟我的姊姊聯手破解。

但是當然，我的父親跟我大姊的婆婆還是沒有見到錢德拉本人，也沒有看到他的屍體。所以說不定現在高齡一百三十多歲的錢德拉跟美國的搖滾巨星貓王一樣，還在地球的某個角落漫遊著。

一個本省家庭對白色恐怖的回憶

憲兵的腳步聲

大約三十年前我聽我的母親說過，她在一九五〇年代初期就讀於台北女子師範學校，那時候她住在學校宿舍的二樓，晚上熄燈之後，往往會聽到憲兵爬樓梯上來的聲音。憲兵的鞋底鑲了金屬片，踩在木製的樓梯上，咖、咖、咖的，聲音很特別。

憲兵上樓之後，會進到她們的宿舍房間裡，拿著手電筒往一個一個的蚊帳裡照。憲兵找到他們要找的女學生之後，女學生就會一言不發的穿著睡衣跟他們下樓。而下樓之後，女學生就再也不會回來了。

我聽了之後問我的母親，那豈不是恐怖極了？我的母親說，她那時候年輕，好像也不覺得特別恐怖，而且她是本省人。那時候情治單位抓的都是外省流亡學生，一個牽連一個，本省籍學生倒是不會有事。

開往馬場町的卡車

那時候台北女師的宿舍在台北市的馬場町，也就是現在的青年公園旁邊。每天清晨，我的母親從宿舍走路到學校上學的時候，往往會看到幾輛軍用大卡車呼嘯而過，上面載著一群五花大綁、蒙著眼睛、背上插著牌子的人。她知道，那些人是要載到馬場町去槍斃的，而她看了也不以為意。

直到有一天，她放學路過萬華火車站的時候，她受到了好奇心的驅使，跑去看車站的告示牌，想看看當天早上被槍斃的究竟是什麼人？

結果她竟然看到了她初中老師的名字。我的母親回到宿舍之後放聲大哭，哭了一整個晚上。

老三甲的外省老師們

我的母親是個作家，筆名嶺月，她在一九九二年寫過一本《老三甲的故事》，記述在一九四七年到一九五〇年之間，她在彰化女中讀初中部的故事。

那時候二次大戰剛剛結束，日本人戰敗走了，台灣的官方語言突然從日語變成了北京話，教科書從日文變成了中文，但是大部分的學生們還是看不太懂中文，也不太會說北京話。而偏偏當時彰化女中的老師們大多是外省人，他們剛剛逃離中國內戰來台，只會講北京話。結果由於老師跟學生們在語言上難以溝通，過去的生活經驗也非常不一樣，所以發生了許多的趣事。

《老三甲的故事》是一本非常暢銷的書，但是故事講到在一九五〇年七月，大批的警察進到彰化女中的校園裡，抓走了校長跟許多的老師之後，故事就突然結束了。當時許多人問我的母親：「後來怎麼了？校長跟那些老師們後來有事嗎？」但是我母親總是避而不答，一直到她在一九九九年過世為止。想來是因為當初台灣剛剛解除戒嚴之後不久，我的母親覺得那個話題還是太敏感吧？

直到最近幾年，我聯絡上了我母親在彰化女中最要好的同學陳欣欣女士，我才從她的口中得知，當年那位五花大綁被卡車載去馬場町槍斃，而剛好被我媽媽看到的，就是他們初二時的導師羅卓才。羅卓才在彰化女中經常體罰學生，不被學生們喜歡，甚至還引發了我母親她們全班學生的罷課行動。所以他只教了幾個月，就轉去基隆中學任教了。接著羅卓才在基隆中學捲入了「基隆中學匪諜案」，因而被逮捕槍斃。

而即使我的母親跟她的同學陳欣欣女士都不喜歡羅卓才，但是當她們聽到羅老師被槍斃的時候，還是痛哭失聲。因為她們覺得就是因為她們趕走了羅老師，所以才會害他被槍斃。

羅卓才老師涉入的基隆中學匪諜案，就是二〇一九年電影《返校》的故事雛形。

二二八與白色恐怖

我的父親曾經跟我說過，二二八事件對台灣人的衝擊很大，但是來得快，去得也快。所以在事件中沒有被殺害也沒有被牽連到的台灣本省人，後來並不會擔心自己被牽連逮捕。

但是接下來的白色恐怖，對外省人的衝擊卻是漫長而持續的。許多外省人來台之前曾經在中國大陸參加過讀書會，或是接觸過一些中共的外圍組織，認識了一些左傾的朋友。於是他們來台之後總是隨時在擔心，他們的外省朋友圈中會不會有人被牽連逮捕？然後那些朋友會不會在獄中屈打成招，又牽連到他們？

此外，雖然國共隔著台灣海峽對峙，但是許多流亡來台的外省人在中國大陸還有親友。他們在大陸的親友的所作所為可能會牽連到他們，而他們在台灣的所作所為也可能會牽連到他們還留在中國大陸的親友。

我的母親在過世前曾經跟我說過，在一九五〇年代，我父親有一位外省籍朋友被指控為匪諜而遭到逮捕。當時那位外省朋友的涉案情節輕微，只要有人願意為他作保就可以獲得釋放。但是偏偏那位外省朋友是隻身來台，所以沒有辦法找到任何親友可以幫他作保。後來我的父親決定挺身幫那位外省朋友作保，我的母親在晚上小孩子都睡著之後，為了這件事情跟我的父親大吵了一架。

從我母親跟我說這個故事時的口氣，我可以聽得出來，她當時雖然很氣我的父親，覺得為外省朋友作保會危害到我們一家的安全，但是她同時又很佩服我父親的見義勇為。

歷史總是複雜的。在二二八事件發生的時候，台灣有六百多萬人，每個人都有每個人的故事，每個人都只看到了歷史的一小個片面。真正的歷史不像電影或是歷史教科書那樣，脈絡分明，井井有條。誰是誰非？誰是敵人？誰是朋友？其實很難說得清楚。

一場二二八事件，撕裂了族群，造成了多少的悲劇？但是隨之而來的白色恐怖，又讓多少台灣的本省人跟外省人們同島一命，在共產黨外在的威脅與國民黨內部的威權統治下互相取暖，共同生活？

在二二八與白色恐怖之前，台灣本省人與外省人的歷史經驗是非常不一樣的。但是在二二八與白色恐怖之後，兩者之間的歷史經驗就漸趨一同，而共同的命運感也逐漸產生了。雖然，這絕對不是一段令人愉快的歷史。

我的母親嶺月的書《老三甲的故事》。

山東流亡學生與威格納教授

生活在一起的陌生人

一九七〇年代我讀小學的時候，我們家住台中，我就讀於台中師專附小。後來在一九八〇年，我十五歲的時候，我們舉家遷居到台北，我先後就讀於懷生國中、建國中學、台灣大學。在我的生活圈裡，一直有許多的外省人第二代，也就是那些在一九四九年隨著國軍撤退來台灣的中國各省人士的後代。

我跟那些外省同學們平常一起念書、一起打球，週末一起到西門町去看電影，我們成了很要好的朋友。但其實像我這樣的本省人，並不知道在一九四九年之前，那些外省同學的父母親在中國大陸經歷了什麼。而那些外省同學們，也同樣的不知道在一九四九年之前，我的本省人父母親在台灣又經歷了什麼。我們都只讀過在歷史課本裡面的，那些以孫中山、蔣中正、蔣經國為主角的中國近代史。我們只知道那些偉人們經歷了什麼、成就了什麼、在想些什麼。

因為在威權時代的台灣，談論一九四九年之前的歷史往往是個禁忌。一方面，國民政府希望台灣本省人忘記日據時期發生在台灣的歷史；另一方面，國民政府也希望外省人忘記那些在國共內戰期間發生在中國大陸的不光彩歷史。因此，我們所有這些本省人、外省人們，就這麼陌生而又親密地一起在台灣島上生活著。

大江大海的故事

族群的融合，要從相互了解開始。所以在十多年前，當龍應台寫了《大江大海1949》的時候，我馬上去買了一本。結果看了之後覺得要吐血，因為我實在受不了那個假掰的文藝腔。

後來李敖針對龍應台寫了一本《大江大海騙了你》。我在書店看到了，如獲至寶，想說李敖的看法居然跟我一樣，我應該是他的知音。沒想到回家一讀，發覺李敖東拉西扯，胡言謾罵，寫的比龍應台還糟。所以我被《大江大海》騙了一次，又被《大江大海騙了你》騙了一次。人生之悲慘，莫此為甚。

還好，後來我的好朋友蔡律師介紹我看王鼎鈞先生的回憶錄，一套四本，而那才是真正精采又深刻的、大江大海的故事。

王鼎鈞一九二五年出生於中國山東省的地主家庭，在抗日戰爭中打過游擊，在國共內戰中擔任過國軍的憲兵與補給官，還被共軍俘虜過。他對中國的造假文化、國民黨的失敗，以及共產黨的崛起，都有著非常深刻的觀察。

澎湖的流亡學生

依照王鼎鈞先生回憶錄的說法，國共內戰期間，雙方往來拉鋸，殺戮最為慘重的地方就是在山東。當時只要共軍占領了一個城鎮，就會組織鬥爭大會，把當地的地主們都拉去殺掉，然後等到國軍奪回那個城鎮，地主家庭的子弟們又會組織「還鄉團」，憑藉武力搜捕之前帶頭鬥地主的農民領袖們，把他們通通抓起來殺掉。

所以在一九四九年一月徐蚌會戰結束之後，國軍全面潰敗。山東地主家庭的子弟們就只能加入山東各地所成立的三十二所流亡中學，跟著國軍不斷地往南逃亡。他們從山東逃到江蘇，從江蘇逃到湖南，從湖南逃到了廣州，最後又從廣州逃到了澎湖。

原本那三十二所流亡中學的學生有三萬人之眾，但是其中有些人病了，有些人不想再逃了，人數越來越少，而各個山東流亡中學也不斷地合併。所以當他們逃到澎湖的時候，就只剩下了一所「山東流亡學校煙台聯合中學」，總共八千多名學生。

然後一九四九年七月在澎湖就發生了「山東流亡中學事件」。當時駐紮在澎湖的國軍強逼年輕的山東流亡學生們從軍，學生們不肯，於是軍隊在學校操場上用刺刀刺傷了兩名學生，接著又開槍打傷了幾名。

當時山東流亡學校煙台聯合中學的校長張敏之想要保護學生，四處陳情營救，結果不但他自己被誣指為匪諜，被抓去槍斃，而且還讓數百名學生遭受牽連。許多學生再逼供的過程中被電刑、掌嘴、吊刑、鞭打，或強行灌水，甚至被私下槍斃或是拋入海中淹死。

被遺忘的悲劇

依照王鼎鈞先生的說法，一九四九年國民黨敗逃來台，原本民心潰散，政府毫無威信。後來國民政府能在台灣立定腳跟，是靠著兩件大案殺開一條血路。其中一件二二八事件懾伏了本省人，而另一件山東煙台聯合中學冤案則是懾伏了外省人。

但是在一九八七年台灣解嚴之後，台灣的本省人族群不斷地去挖掘整理二二八慘案的歷史，甚至讓每年的二月二十八日成為一個國定假日。而相對的，外省人族群卻很少去關心山東流亡學生事件，目前大部分的台灣人對澎湖的山東流亡中學事件也所知甚少。

不但如此，當時被強徵入伍或是受到迫害的山東流亡學生們，後來還有許多人進入了國民黨政府，成為了國民黨的堅定支持者與捍衛者。像是前國防部副部長王文燮、前警政署長顏世錫、前陸軍總司令李楨林、前台大校長孫震等等。

對於這樣的狀況，我原本完全無法理解。一直到二〇一六年，我讀了威格納教授的傳記。

被自己綁架的狂熱分子

彼得・威格納教授（Professor Peter Wegner）是我在布朗大學讀博士的時候，我的論文指導委員之一。他在學術界非常有名，對我十分照顧，經常會講一些跟英語雙關語有關的笑話給我聽，讓身為外國留學生的我聽得一愣一愣的。但是我只知道他是在英國長大的猶太人，對他的成長歷程並不是很清楚。

一直到威格納教授在二〇一六年過世，我看到了他的訃聞，才知道他的父母來自奧地利，原本是維也納當地相當活躍而且知名的社會主義分子。威格納教授的父母親在一九三一年結婚之後，隨即移民到蘇聯的列寧格勒，並在隔年一九三二年生下了彼得・威格納。

威格納教授的父母當時之所以會移民到蘇聯，是因為他們相信蘇聯的共產黨將會給猶太人一個更好的生活。但是在一九三七年的某一天，當威格納教授才五歲的時候，兩個蘇聯的秘密警察到他們家帶走了威格納教授的爸爸，從此他的爸爸就失蹤了，再也沒有回來。

於是威格納教授的媽媽帶著他逃回了維也納，然後在一九三八年三月納粹德國併吞奧地利之後，威格納教授媽媽

1995年，與彼得・威格納教授。

又趕緊越野滑雪通過邊界，逃到了瑞士，然後再輾轉逃到了英國。而當時才七歲的威格納教授則是在英國貴格教派與紅十字會的協助之下，搭上了一班特殊的逃命列車，經過荷蘭也逃到了英國，與他的媽媽會合。

後來他們在英國，每當別人問起威格納爸爸在哪裡時，威格納媽媽總是說，她的先生之前加入了志願軍，到西班牙去跟佛朗哥將軍的法西斯政府戰鬥，死在西班牙。

威格納教授長大之後才理解，他的媽媽不願意承認她的先生是死在蘇聯秘密警察的手裡，因為如果承認了，就是否定了蘇聯，就是否定了她一生信奉的社會主義與共產制度，也就是否定了她自己的一生。

威格納太太是一個被她自己的意識形態所綁架的政治狂熱分子。

時代悲劇下的逃亡者

對二次大戰前夕的歐陸猶太人來說，蘇聯的共產黨是一個惡，但是德國的納粹黨是一個更大的惡。雖然蘇聯的共產黨殺害了威格納爸爸，但是他們至少留下了威格納媽媽與小威格納的性命。而相對的，如果威格納一家人落入了納粹德國的手中，那他們一家三口必死無疑。所以，當不得已必須做出選擇的時候，威格納媽媽還是會為那個殺害了她先生的蘇聯共產黨辯護。

同樣的，對於山東地主家庭的子弟們來說，一九四九年的中國國民黨是一個惡，但是中國共產黨是一個更大的惡。雖然國民黨對山東流亡學生們不好，甚至殺害或是監禁了他們的同學，但如果山東流亡學生們落入了中國共產黨的手中，那他們的下場肯定更為悽慘。所以，當不得已必須做出選擇的時候，山東流亡學生們還是會站在中國國民黨的那一邊。

我們甚至可以說，山東流亡學生們的命運，早已跟國民黨政府緊緊的綁在一起，如果他們否定了國民黨，也就否定了他們自己的一生。

幸福的島嶼

王鼎鈞先生出生於一九二五年，我的父親出生於一九二九年，威格納教授出生於一九三二年，他們都是同一個世代的人。而幾年前讀完王鼎鈞的回憶錄之後，我才陸續得知，我大學時期有幾個最要好的同學都跟王鼎鈞一樣，出身於山東的地主家庭。其中張同學的外祖父曾經是山東流亡中學的老師，龔同學的父親曾經是山東流亡中學的職員，而李同學的父親也來自於山東。

但是由於白色恐怖時期山東流亡學生在澎湖遭遇的恐怖經歷，張同學、龔同學，以及李同學的父母對於那段歷史也都諱莫如深，從來不曾跟他們提起過。

那應該是一個大時代的悲劇

王鼎鈞回憶錄四部曲，描述了山東流亡學生在澎湖遭遇的恐怖經歷。

吧。我們應該覺得很慶幸，現在台灣已經完全的民主化，在這個時代生活在台灣島上，我跟張同學、龔同學，以及李同學都不需要在兩個惡之間做出選擇，就像威格納教授跟他媽媽逃到了民主的島嶼英國之後，就再也不用在蘇聯共產黨與德國納粹黨之間做出選擇一樣。

台灣富豪的家庭故事

直升機

二〇二〇年八月的某一天，我那九十一歲的老爸要我陪他去跟兩位朋友吃晚飯。其中一位吳老先生，是總統府資政，政商界名人，台南幫創幫大老闆之一的兒子。另一位丁老先生，是我媽媽的堂弟。他們兩人也都八十多歲了。

吃飯的地點是台北市中山區一家中價位的日式餐廳，我們坐在包廂裡，他們三位老先生在那邊聊著，我就在旁邊陪酒，等著去付帳。

三位老人家的話題很廣，談話非常的風趣。聊著聊著，我爸爸跟我說，丁老先生長年在菲律賓經商，每天都是坐私人飛機上下班。我聽了大奇，問丁老先生坐的是什麼樣的飛機？他說他有兩架直升機，直升機本身不貴，一架只要兩百多萬美金，但維護起來非常花錢，所以這次遇到新冠疫情，他的女兒趁他不在菲律賓的時候，賣掉了其中一架，讓他有點不高興。

丁老先生又說，他從小不喜歡讀書，所以後來才跑去經商。但是我覺得他學富五車，英語流利，非常的可疑，所以就問他以前讀的是什麼學校？他說他是台大機械系畢業的，一九六二年的時候，他原本申請到了ＭＩＴ的機械研究所，但是他實在不喜歡讀書，所以就去史丹福大學念了一個ＭＢＡ學位。

我聽了大笑，因為我覺得我不小心闖入了電影《瘋狂亞洲富豪》（*Crazy Rich Asian*）的世界，老人版的。

才女

我回家查了一下網路，發覺原來丁老先生就是我媽媽的五嬸顏梅的兒子。

顏梅在日據時期的台灣社交圈裡赫赫有名，她出身自基隆顏家，而基隆顏家是台灣日據時期五大家族之一。一九一八年，顏梅十一歲的時候，她的父親顏國年就送她到日本去讀小學跟中學，後來因為關東大地震的關係，她回台灣念了兩年的中學。到了一九二五年，她又再度到日本留學，最後畢業於東京女子高等師範，也就是現在的御茶水女子大學。

據我的爸爸媽媽說，顏梅當年不但是巨富人家的大小姐，而且長相清秀美麗，又擅長寫俳句，是日據時代所有台灣男留學生們的夢中情人，而且是那種高不可攀型的。

一九四五年八月日本戰敗，嘉南大圳的設計建造者八田與一的太太外代樹跳入烏山頭水庫自殺，這是現在大部分的台灣人都知道的故事。但我也是查了網路資料才知道，由於外代樹生前跟顏梅是非常要好的朋友，所以她在跳水自殺之前，曾經把一個包裹交給顏梅，其中包括八田的照片、遺書與一把武士刀。

隱士

由於我的年紀比較小，所以對於我這位五嬸婆顏梅沒什麼印象。但是我的大姊曾經在一九八〇年代跟著我的父母親去顏梅的家中拜訪過幾次。據我的大姊說，顏梅住在台北北投山丘上的一間獨棟日式豪宅裡，但是穿著樸素，總是親自來應門。

顏梅跟我的爸爸、媽媽、姊姊說，她住在那棟房子裡，經常會有一些推銷員到她家按門鈴，而她不想跟那些推銷員囉嗦，所以就跟那些推銷員說：「我們家老闆娘不在。」而那些推銷員們也都真的以為她是女傭，從來都不會跟她囉嗦，讓她覺得十分好笑又得意。

顏梅生活唯一比較奢侈的地方，是她買了不少鍋子。她說，鍋子舊了、燒焦了，她就會馬上再去買一個新的，因為她覺得刷鍋子很浪費時間，她要把時間留下來寫俳句。

二〇二〇年八月我父親跟吳老先生、丁老先生聊天的時候，他們聊到了走路散步跟健康的議題。丁老先生說，以前的人都很能走。他記得在他小時候，有一次他的阿姨要去找他媽媽，結果居然就一路從萬華他阿姨家走到了北投他們家。

我回家查了一下，發現北投到萬華的距離大概有十公里，走路要花上兩個多小時。然後我又查了一下網路，發覺顏梅的妹妹不但是基隆顏家的大小姐，同時也是當時台大醫院院長魏火曜的太太。

我又忍不住大笑。覺得他們這家人真是別具一格，他們想搭直升機就搭直升機，想走路就走路，完全不會在乎別人的眼光。

據我所知，台灣日據時代的許多士紳家族都是這樣的。他們十分有教養、不炫富。而不管台灣是處於日本殖民政府，或是國民黨威權政府的統治之下，他們都是那麼低調而努力的活著，希望能在亂世當中找到一絲生活的樂趣與尊嚴。

我們這個時代的千面英雄

神話與英雄

世界各個古老文明都有一些神話，像是希臘的英雄賽修斯、普羅米修斯跟奧德修斯，羅馬人的祖先埃涅阿斯，印度佛教的釋迦摩尼，日本的浦島太郎跟桃太郎等等。而即使北美印第安人、愛斯基摩人以及太平洋小島上的許多部族缺乏自己的文字，他們也有從祖先那邊口語相傳，一直留下來的各種英雄傳說。

所有的故事都神秘而各自不同，但是在一九四九年，神話學家約瑟夫・坎伯（Joseph Campbell）在他的《千面英雄》（*The Hero with a Thousand*

Faces）一書中寫道，其實所有的這些故事都是同一個故事，所有的英雄都是同一個人，他們只是用不同的面貌出現在各個文明中而已。

傳說中的英雄，原本總是住在一個平靜的小村落裡，過著平靜而安逸的生活。但是他偶然發現了一個神秘的入口，收到了來自一個奇幻世界的召喚。起先他拒絕了那個召喚，但是他接下來會勇敢的跨過那個門檻，進入到另一個世界。他會在旅程中遇到一個充滿智慧的老先生或是老婦人，授予他神奇的寶物，而那些神奇的寶物會釋放出英雄身上與生俱來的神奇力量。

然後英雄會遇到一個類似於他的母親的女神，會遇到一個類似他的父親的強大敵手，他必須打敗各式各樣的惡魔，抗拒各式各樣的誘惑。但是到了最後他會發現，其實最大的惡魔就是他自己。他必須打敗他自己心中的邪念，才能成為一個更強大、更完美的自我。

然後英雄必須帶著他從奇幻世界中得到的有形或無形寶物，經過一段神奇的旅程，回到他原本的世界。在這段過程中他還是會遇到很多的挑戰，而他自己也可能會留戀那個奇幻世界，一時抗拒回歸。但是英雄終究還是會回到他原本的世界，用他所帶回來的寶物造福所有的鄉民。

星際大戰

所有的神話居然都是同一個神話，所有的英雄居然都是同一個英雄。約瑟夫・坎伯的假說實在非常大膽，許多人聽了都不願意相信。但是年輕的導演喬治・盧卡斯（George Lucas）信了，他在一九七五年前後讀了坎伯所寫的《千面英雄》之後，感到非常的驚奇，因為坎伯的理論，跟他當時正在構思的一部科幻電影若合符節。

於是喬治・盧卡斯稍稍修改了他的劇本，拍出了電影《星際大戰》。電影中的英雄路克天行者原本住在一個偏遠的小星球上，過著平靜的生活，但是他在一個從舊貨攤買來的機器人 R2-D2 上面發現了一個神秘的入口，收到了一個來自神秘世界的召喚。他原本對那個召喚並不是那麼的當真，但是他接著遇到了一位充滿智慧的老人歐比王・卡諾比（Obi-Wan Kenobi），卡諾比賜予他一把光劍，教他如何駕馭他身上的原力。然後他們離開了他們原本居住的那個落後行星，展開了一場神奇之旅。

接著路克天行者遇到了他的女神，但那其實是他的妹妹；路克天行者遇到了他最強大的敵人，但那其實是他的父親。他遇到了很多的挑戰，打敗了很多的敵人，但他最後必須面對的，是他自己內心中的恐懼與邪念。

電影《星際大戰》第一次在台灣上映，是在一九七八年的農曆年。那時候我十三歲，住在台灣中部的小城台中市。我當時央求我的母親帶我去看那部電影，我還記得，我們坐在電影院二樓的第一排，我興奮到不行，從頭到尾趴在座位前面的欄杆上看完整部電影。

但是後來我長大之後，結交了一堆文青朋友。我會跟他們聊《2001星際漫遊》，聊《現代啟示錄》跟《越戰獵鹿人》，但是我們不會聊《星際大戰》，因為《星際大戰》太孩子氣了，就是一部小孩子看的電影。

只是我的心中還是隱隱約約的知道，《星際大戰》是我最喜歡的電影之一，那是我們這一代所有文青的鄉愁。

恐懼與夢境

一直等到多年之後，我讀了坎伯的《千面英雄》，我才知道《星際大戰》的故事遠比我之前所想像的要複雜而深刻。

那個故事所講的，其實是我們心中最深層的恐懼與渴望。在每個人小時候，我們都期待長大，期待進入大人的社會，但是我們的內心又對那個未知的大人世界充滿恐懼。我們不想離開母親溫暖的懷抱，不敢去挑戰大人社會中的父權，不願意離開我們原本的舒適圈。

而等到我們長大之後，我們又同樣對死亡與衰老充滿恐懼，我們怕失去青春，我們怕失去生命，我們懼怕年輕人，我們還是不敢離開我們原本的舒適圈。

坎伯認為，所有的這些恐懼，會不斷出現在所有人的夢境與所有族群的神話當中。夢境是個人化的神話故事；而神話故事是集體的夢境。

到了現代，所有的這些神話與夢境，又都轉化成了小說、電影，或是電動玩具的情節。像英國羅琳的小說《哈利波特》，日本宮崎駿的卡通《神隱少女》，香港周星馳的電影《功夫》，講的其實都是跟《星際大戰》同樣的故事。一個原本在過著安逸生活的年輕人，偶然發現了一個神奇世界的入口，收到了一些神奇的召喚，他們離開了原本熟悉的世界，在旅途中遇到了一些神奇的老先生或是老婦人，得到了一些神奇的知識，然後他們發掘了自身內部的神奇力量，面對一個父權而強大的敵人。

然後他們必須面對自己內心中的恐懼。因為只有當他們克服了那個恐懼，他們才能成為英雄，才能回到原本的那個世界當中。

台灣的千面英雄

那在我們這個時代，屬於台灣的千面英雄又在哪裡？

我的父親在一九二九年出生於台灣南投鹿谷的小山村「坪仔頂」。據他說，他小時候最早的記憶，是當他四歲的時候，我的祖父在家裡裝了全村子的第一盞電燈，當那盞電燈亮起來的時候，全村的人都來了，把我們林家的廳堂擠得滿滿的。而由於我父親是主人最小的一個兒子，所以他就有了特權，可以躺在那盞電燈正下方的圓桌上。

他一直睜大著眼睛仰望那盞神奇的電燈，一直看到他睡著為止。對我的父親來說，那盞燈就是一個未來世界的神奇入口，一種神秘的召喚。

我在一九八三年進入台大資訊工程系就讀，但是在高中畢業之前，我從來沒有摸過電腦，也沒有見過電腦。我只是小時候經常閱讀美國新聞處的《今日世界》雜誌，在上面看到許多關於電腦的報導而已。

對我來說，所有那些關於電腦的報導，也是一個神奇世界的召喚。我響應了那個號召，考上了資訊工程系，從此踏入了一個未知而奇幻的人生旅程。

在我父親小時候，台灣是一個貧窮的日本殖民地，是世界地圖上邊陲的邊陲；而在我小時候，台灣是一個剛剛由農業社會進入工業社會的威權國家。但是現在，台灣已經是一個富足的科技島，不但擁有全世界最先進的電子科技，而且還是新興國家的民主自由典範。

我的父親在一九二九年出生，在二〇二二年過世，享年九十三歲。也就是說，所有這些轉變，都發生在他的一生當中。在這個神奇而巨大的改變過程裡，肯定有許多的英雄存在，只是我們未曾留意而已。

所以我們究竟錯過了什麼？究竟有多少台灣鄉下的小孩呼應了那個神奇的召喚，勇敢的走上了那個未知的旅程，遠赴異鄉留學，然後帶回了世界先進的科技，或是民主自由的理念？而當他們決定要離開那個舒適而神奇的遠方世界，回到台灣貢獻所長的時候，又經歷了多少的內心掙扎？

然後又有多少的台灣年輕人響應了那個神奇的號召，在學生時代大膽的投身於政治抗爭，挑戰父權，最後在這塊土地上建立了一個民主自由的國度？

我們這個時代的台灣人，經歷的其實是一個非常神奇的人生旅程，只是一切來得太快，而我們又忙著閱聽各種外國的故事，以至於我們忘了停下腳步，好好的整理編寫我們自己的神話與傳說。

我們這個時代台灣如此精采，但是關於我們這個大時代的小說與電影卻是如此的稀缺。對於這個時代的台灣小說家跟導演來說，這應該是最大的挑戰，也是最好的機會吧？

輯二　我們的時代

台北是如何成為美食之都的？

三十多年前，我聽說過一個關於台北美食的故事。一九四九年國民黨輸掉了內戰，中國各省的國軍將領們紛紛撤退來台，他們大多隨身帶了自己的廚師，而且那些廚師們原本都是各省頂級的廚師。

但是將軍們到了台北之後，由於國軍重新整編的關係，他們不但失去了自己的軍隊，也少了收入，他們再也養不起他們自己的私廚。

於是各個將軍的廚師們只好自謀生路，在台北的街頭開起了餐館。湖南來的廚師們開起了湘菜餐廳，四川來的廚師們開起了川菜餐廳，上海浙江來的廚師們開起了江浙菜餐館。

結果一時之間，台北的美食大放異彩，來自中國各省的頂級廚師們各顯神通，在台灣經濟起飛的時刻用絕佳的食材做出了頂級的中華料理。

一九九〇年代初我在美國讀博士的時候，認識了一位住在波士頓的台灣學者，當時他應邀到中國大陸講學，在北京住了一年。後來那位學者回到波士頓的時候，我們一群朋友請他吃飯。大家問他，中國大陸的食物好吃嗎？中國各省的料理應該比台灣的中華料理更道地吧？

沒想到那位台灣學者跟我們說，中國大陸的食物難吃極了，原因是在之前文化大革命的時候，人們都住進了人民公社，而每個公社裡都開了很多個「食堂」，然後依照共產黨「各盡所能、各取所需」的理論，大家可以自行選擇到喜歡的食堂裡去吃飯。

結果大部分的人當然都選擇到菜燒得最好的食堂去吃飯，害那些食堂裡的優秀的廚師們忙得要死。不久之後，廚師們都學乖了，他們知道菜不能燒得太好吃，否則就會有源源不絕的食客，就會有忙不完的工作。

然後在文革十年浩劫之後，許多好廚師們不但沒有教出一些好徒弟，就連自己都忘記要怎麼燒出好菜了。

當然，上述的兩個故事都是我聽來的，究竟是真是假，我有點懷疑，也一直無法證實。但是在西元兩千年前後，我去中國大陸出差旅遊，益發覺得那邊的料理水準真的遠遠比不上台北。

在那段時間，我可以很確定的說，全世界最好的上海菜餐廳在台北，不在上海；全世界最好的湘菜餐廳也在台北，不在湖南；而全世界最好的川菜餐廳還是在台北，不在四川；就連全世界最好吃的北京烤鴨也不在北京，而是在台北。

少數的例外，可能是陝西菜跟回族的清真料理。依據我個人的經驗，最好吃的陝西餐廳真的在西安，想來是因為陝西延安一向是中國共產黨的老巢，所以當年撤退來台的國民黨陝西將領不多，而他們也沒帶什麼出色的陝西廚師來台北吧？

至於回族的清真料理，想來是因為台灣的回教人口原本就比較少，而撤退來台的國軍裡面，也沒有什麼來自西北的回族將領吧？

當然，喜歡重口味的中國食客們可能會覺得台灣的食物太清淡了。在台北，即使是川菜餐廳，辣椒跟麻椒也都放得很少，不像重慶的麻辣火鍋那樣，紅椒滿盆，辣得過癮。

我以前聽過一種說法，沿海地區的食物通常口味都比較清淡，而內陸地區的食物口味往往比較重。因為古代交通運輸不便，內陸地區很難吃到新鮮的魚類或是肉類，他們所食用的海鮮或是肉食品都必須醃製，以免腐壞。況且，大量的香料也可以掩蓋某些魚肉類食物的不新鮮味道。

所以靠海而交通便利的江浙口味比較清淡，台灣的口味也很清淡，而日本的口味更是清淡。即使到了今天，中國大陸的餐飲水準已經大幅改善，但是我所接觸到的日本朋友們還是比較喜歡台灣的中華料理，而不是中國大陸的中華料理。因為中國內陸的中華料理口味太重了，日本人吃不習慣。

很久以前，我也曾經聽我的母親說過，做菜給體力勞動者吃的時候，鹽必須多放一點，因為做體力活兒很辛苦，會流很多的汗，他們必須補充汗水中所流失的鹽分。

而做菜給坐辦公室的人們吃飯，就不用放那麼多的鹽了。因為現在的辦公室都有冷氣，即使是在炎熱的台灣，上班族也很少流汗。而如果汗流得少又吃得太鹹，會對身體很不好。

我在西元兩千年前後到中國大陸出差，就覺得當地的料理鹹到令我受不了。想來是因為當時中國才剛從農業社會要進入到工業社會，而且許多地方還沒有冷氣的關係吧？

而最近幾年我再到中國大陸出差旅遊，我發覺那邊的料理不但變得好吃了，同時也沒有以前那麼鹹了。

日本人的口味清淡，所以日本觀光客到台灣來，最喜歡的是鼎泰豐的小籠包。而相對的，中國人的口味重，所以中國觀光客到台灣來，最喜歡到台灣的夜市吃東西。因為台灣夜市的食物千奇百怪，應有盡有，而且鹽、辣椒跟香料都放得比較多，口味比較重。

至於歐美來的觀光客，依照我的經驗，他們比較喜歡到五星級大飯店裡那些中規中矩、乾淨舒適的中華料理餐館吃飯，去吃他們想像中的正統中國菜。

對大多數的歐美觀光客來說，台灣的夜市是個獵奇的場所，是解鎖人生經驗的地方，但並不是他們真正喜歡的料理，也不是他們會覺得自在舒適的飲食環境。

說來有點好笑，早年美國有許多中國餐館是台灣的留學生們開的，他們並不是專業的廚師，而且那些餐館的菜色自成一格，跟台灣的中華料理不一樣，也跟中國大陸的中華料理也不太一樣。像是左宗棠雞、木須肉、炒雜碎等等，都是許多美國人耳熟能詳的中華名菜，但是在台灣卻有很多人連聽都沒有聽說過。

十多年前，我有個在美國出生長大的表弟到台灣來學中文，一整個夏天就住在我們家裡。有一天，他突然很想念他在美國中餐館常吃的左宗棠雞，於是就沿著台北市的師大路，挨家挨戶的問每一家餐館：「你好，我要找左宗棠雞。」

結果當然沒有任何一家餐館有左宗棠雞，許多店家甚至聽不懂我表弟所問的問題。而我太太聽了之後一直笑。她問我的表弟，有沒有店家回答說：「你要找左宗棠？我不認識耶，他不住在這裡。」

除了台北之外，香港也是另外一個以美食聞名的城市。所以儘管台北號稱美食之都，台北人也絕對不敢說台北的廣東菜可以勝過香港的廣東菜。但是兩地的料理文化相當不同，台灣的料理講究的是變化多端，不斷地求新求變，而香港的廣東料理講究的，是把每一道傳統名菜做到極致。

在台北，通常有名的餐廳都會有幾道非常獨特的菜色，號稱是在其他餐廳所吃不到的。而在台北稍微有名一點的餐廳當中，我們也很難找到有兩家的菜單是類似的。在台北，就算是路邊的手搖飲商店，也都是出奇制勝，不斷地推出各種與眾不同又充滿創意的飲料。

但是在香港，所有的茶餐廳賣的都是蝦餃、燒賣跟馬蹄糕，都是鮮蝦腸粉、牛肉丸子跟奶皇包。而香港稍大一點的餐館都會有燒鵝、蜜汁叉燒跟清蒸東星斑。每家餐廳的菜單都大同小異，但是每家餐廳都很努力的要把那幾道名菜做到極致，就好像是在參加食神大賽一樣，別人跑步就跑步，別人游泳就游泳，看到別人做佛跳牆，自己當然也就要跟著做佛跳牆。

講了這麼多的外來美食，那真正台灣的本土美食又是什麼？有人說是蚵仔煎，有人說是擔仔麵，有人說是米粉湯，而我覺得，台灣大街小巷裡的自助餐廳就是頂級的美食了。

我曾經在美國讀書工作了將近八年，到了一九九七年，我剛回台灣的時候，每次到自助餐廳裡吃炒空心菜跟韭黃牛肉，我都感動到幾乎要流下眼淚。因為台北街頭隨便一家自助餐廳的美味程度，都是世界級的。

我去過世界各地的許多大城市，我知道紐約、舊金山、波士頓、東京、首爾、北京、上海都有一些頂級的餐館，但是除了那些有名的餐館之外，一般餐廳的水準往往參差不齊。

全世界沒有一個地方像台北一樣，連在路邊的小餐館都有一定的水準。想來是因為台灣人對於美食實在太挑剔了。在台北，如果有哪一家餐廳的菜不好吃，那沒多久之後，惡名就會在鄉里間傳開，然後那家餐廳就要關門了。

台北之所以能成為美食之都，恐怕就是因為台北的餐飲界有著全世界最激烈、最殘忍的競爭環境。

其實我在這邊講美食，自己講得非常心虛，因為我根本就不是一個美食家。我的朋友們都知道，我吃東西相當不講究。

我真正有興趣的，其實是在這些美食之後的故事。一九四九年國軍戰敗之後的大遷徙，讓台灣意外地匯集了中國各省的美食文化。一九六五年開始的文化大革命，又讓台灣意外地取得中華美食之都的封號。而由於台灣在太平洋戰爭之前是個日本殖民地，所以台灣的美食文化中又有一些來自日本的清淡與優雅。然後最近幾年來，由於台灣有著大量來自東南亞的新住民，所以台北的街頭又多出了一些泰式餐館跟越南餐廳，為台灣料理帶來了新的元素。

所有的這些美食故事，其實就是台灣文化樣態的縮影。從陸地的觀點來看，台灣位居歐亞大陸的東南，孤懸海外，是邊陲中的邊陲。但是從海洋的角度看，台灣是西太平洋航道的必經之地，是中國各省與東亞各國的文化薈萃之地。台灣的美食文化是躁動的、是不斷創新的。台灣的美食文化無法維持現狀，因為它總是不斷地前進。

野人咖啡與台灣的六〇年代

一九六〇年代後半是個動盪狂飆的時代。中國人在搞文化大革命，英國人在瘋搖滾樂，美國人在打越戰，嬉皮文化正在流行，阿姆斯壯登上了月球，黑人的人權意識高漲，約翰・甘迺迪、金恩博士、羅伯・甘迺迪先後遭到暗殺。

在那場世界性的狂歡的派對中，台灣似乎缺席了。當時台灣人的年平均國民所得不過數百美金，人人忙著賺錢，既沒有窮到必須造反，也還沒有有錢到可以為了想造反而造反。再加上當時蔣介石總統在台灣施行威權統治，政權非常的穩固，社會非常的安定，安定到令人窒息。

在那樣的氛圍下，台北城裡有兩家傳奇性的咖啡屋。其中一家是武昌街的明星咖啡館，另一家是峨嵋街的野人咖啡室。

明星咖啡屋

明星咖啡館是由台灣人簡錦錐與俄國人艾斯尼（George Elsner）共同經營。而艾斯尼原本是俄國皇室的軍官，他在一九一七年俄國共產革命之後，逃到了中國上海，跟他的同鄉布爾林一起在霞飛路經營 ASTORIA 咖啡廳。後來在一九四九年，中國也爆發了共產革命，艾斯尼再度南逃，逃到台灣的台北市，在武昌街開設了明星咖啡屋，而「明星」兩個字，其實就是俄文 ASTORIA 的中文翻譯。

在明星咖啡屋裡，用的是歐洲式的裝潢，喝的是俄國的羅宋湯，吃的是俄式的糕點，與窗外的台式與日式街景涇渭分明，甚至可以說格格不入。但也就是這樣的格格不入，吸引了許多隨國民政府南渡的文人雅士、達官貴人們，讓他們可以在精神上暫時逃離台灣的封閉與落後，回味上海租界的繁榮興盛與國際化，想像共產革命前俄羅斯貴族的風華絕代。

而也就是這樣的異國風情，讓當時權傾一時的世子蔣經國、蔣方良夫婦成了常客，吸引了郎靜山、楊三郎、廖繼春、顏水龍等畫家光顧，也吸引了黃春明、白先勇、陳映真等文學家常駐寫作。然後孤獨的詩人周夢蝶也在咖啡廳樓下擺起了一個小書攤。

野人咖啡室

如果說，明星咖啡屋提供了台北人對歐洲與上海的歷史想像，那在不遠處西門町的野人咖啡室所提供的，就是台北人對美國當代文化的想像。在白先勇的小說〈孽子〉裡，野人咖啡是台北同志圈的會面地點，而在林懷民的小說〈蟬〉裡，野人咖啡室裡永遠播放著各種西洋音樂，Beatles、Joan Beaz、Bob Dylan，裡面長髮披肩、衣著絢麗奪目的年輕人在黑暗的光影中晃來晃去，男主角在桌上的燈罩塗鴉上看到有人寫著「P. S. I Love You.」，聽 Bob Dylan 用一種似醒未醒、夢囈般的聲音哼唱著「The times they're a-changin」。

從白先勇與林懷民的小說當中，我們可以依稀地感受到，當時台灣處在威權統治之下、思想禁錮，咖啡與西洋音樂都是稀有舶來品，野人咖啡代表著台灣年輕人對西方文化的美好、自由、富裕的嚮往。

我生於一九六五年，年紀太小，自然是錯過了那個年代。但是因為打棒球的關係，我認識了台灣的職棒之父、兄弟大飯店的老闆洪騰勝先生，而我從他的口中得知，原來野人咖啡就是他跟美國人梅心怡（Lynn Miles, 1943-2015），以及另一位德國人 Peter 在一九六八年合開的。當時洪先生出資新台幣十一萬，Peter 出資新台幣一萬，而梅心怡負責經營。

洪先生跟我說，野人咖啡位在西門町的峨嵋街，地點是他找的。那裡原本是一個太平洋戰爭時期留下來的防空洞，所以客人必須通過狹窄的入口，拾級而下。而咖啡屋裡面也非常的窄小低矮，屋頂的高度大概只有一百八十公分左右，比較高大的人還必須低頭而入。

咖啡屋裡面擺了十一張很小的桌子，而每張桌子上都有一盞小檯燈。林懷民的小說當中那些讓客人留言塗鴉的燈罩，是用木工刨下來的薄木片所捲成的。如果上面的留言寫滿了，那店裡的工作人員就會換上一片新的，因為反正那些薄木片也不用錢。

洪先生又跟我說，那時候畫家席德進也是野人咖啡的常客，但是他那時候還沒有出名。至少，那時候的席德進還不是我們現在所知道的，一幅畫動輒幾千萬台幣的席德進。所以野人咖啡為了省錢，就把咖啡屋裡的牆面免費借給席德進，讓他把畫作掛在牆上銷售。

當時洪騰勝先生還不到三十歲，才從台大商學系畢業沒幾年，他曾經拿著獵槍，帶著梅心怡一起去打獵，共同度過許多歡樂的時光。但是後來梅心怡去越南打越戰之後，每天晚上都有一堆竹聯幫的小鬼到野人咖啡鬧場，洪先生只好忍痛將野人咖啡結束營業。

梅心怡在越南服完兵役之後，後來又回到台灣，積極參與台灣的民主運動，援助李敖、彭明敏、郭雨新、謝聰敏、魏廷朝、許信良、陳菊等人，最後被台灣政府驅逐出境，在戒嚴時代名列黑名單，是國民黨政府眼中的麻煩分子。解嚴之後，他在二〇〇六年獲得台灣的永久居留權。

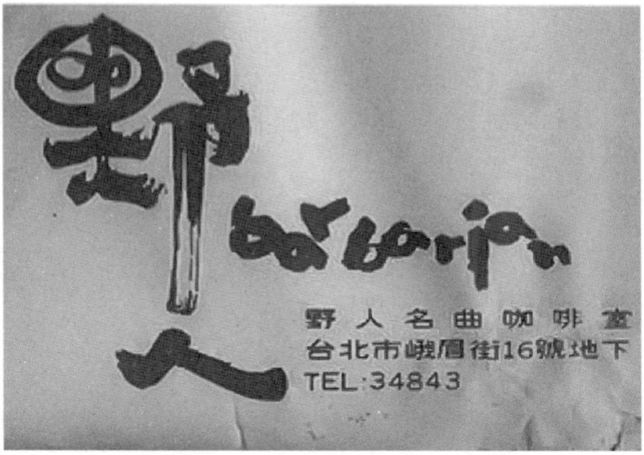

野人咖啡的名片。

2018年野人咖啡創立50週年，與「野人咖啡」的創辦人洪騰勝先生合照。

而洪騰勝先生不再經營野人咖啡之後，則是創立了兄弟飯店，並專心打野球。他不但成立了兄弟棒球隊，同時也催生了台灣的職業棒球聯盟。

傳奇的年代與人物

一九六〇年代，是一個台灣人的年平均所得只有數百塊美金的時代，是一個中國大陸在搞文化大革命，美國在打越戰，嬉皮文化正在流行的年代。而當時台灣卻正好處在威權統治之下、思想禁錮，因而錯過了那場世界性的狂歡盛宴。台灣的文藝青年們只能在明星咖啡館跟野人咖啡屋裡，透過來自西洋的咖啡、料理與搖滾樂，滿足自己對異國跟廣大世界的想像。

但是慢著，真的是這樣嗎？好像也不是。在我們這一代文藝青年的想像裡，一九六〇年代末期的台北城不正是最美好的年代嗎？在窄窄的街道上，在一個亞熱帶的邊陲小城裡，我們可以看到周夢蝶在騎樓下賣書，黃春明、陳映真跟白先勇正在樓上的咖啡屋裡趕稿，寫出了《莎喲娜拉再見》、《小寡婦》、《夜行貨車》、《台北人》等傳奇性的小說，而稚氣未脫的林懷民剛好走下樓梯，漫步到峨嵋街的一個防空洞裡喝酒、聽搖滾樂，然後在防空洞裡的昏黃桌燈下，席德進正在想辦法把他的畫賣給你，洪騰勝正在幫你放唱片，而梅心怡會過來幫你倒酒。

對我們來說，一九六〇年代末期的台北城，正是一個充滿傳奇的年代啊。

文青的夢魘

巴布・狄倫（Bob Dylan）在二〇一六年得了諾貝爾文學獎，這對我們這個世代的老文青來說，真是一個夢魘，讓我們驚駭莫名，幾個月說不出話來。

因為作為一個文青，最重要的就是要展現自己的品味高尚又與眾不同。舉例來說，我在一九八〇年代讀大學的時候，鄧麗君是華語歌后，歌唱得非常好，但當時台灣的大學生是不能聽鄧麗君的。如果我們要顯示自己稀有的大學生身分，就必須聽蔡琴、齊豫。

而這只是文青初級，資深的文青看到別人在聽蔡琴、齊豫，會露出一個自以為很謙虛但其實很臭屁的表情，說：「抱歉，我對國語歌曲不熟，我通常只聽英文歌曲。」

但這也只是文青中級，真正文青中的文青，如果聽到朋友在聽 John Denver 或是 Simon and Garfunkel，就會把眉頭一皺，很嚴肅的說：「我想你應該聽一下 Bob Dylan。」這句話的威力非常大，因為在那個時代，絕大部分的台灣人都不知道 Bob Dylan 是誰。這樣講，會讓說話的人顯得高深莫測。

我家祖傳三代都是文青。我的祖父生於台灣的清治時期，長於日治時期的南投鹿谷。在那深山之中的農村裡，別人家的櫥櫃上面都寫著「金玉滿堂」、「五穀豐收」之類的吉祥話，偏偏就我家的櫥子上是我祖父用毛筆寫的「明月松間照，清泉石上流」。

然後到了我的父親那一代，我父親生於日治時期，長於民國時期。既然我祖父喜歡唐詩，那我的文青父親當然就不會繼續讀唐詩。我記得我小時候，別人家都是聽白嘉莉跟鳳飛飛，偏偏我爸爸就要聽莫札特跟貝多芬。

而等到我長大之後，我又覺得我爸爸聽的莫札特跟貝多芬遜斃了，我一定要找個我爸爸不喜歡也聽不懂的，找來找去，就找到了 Bob Dylan。

在我們那個年代，Bob Dylan 的唱片在台灣極為稀有。我記得在我讀高三的時候，我的同班同學蔡藍欽聽說我家有一張 Bob Dylan 的唱片，特地要我轉錄成錄音帶給他。幾天之後，蔡藍欽跟我說，他聽了老半天，還是很難接受 Bob Dylan 的唱腔，但他會繼續聽，直到他喜歡為止。因為真正好聽的音樂，第一次聽往往不會覺得好聽，但是會很耐聽，聽久了甚至還會上癮。

又過了幾年，我們上了大學，蔡藍欽自己也成了歌手，出了唱片。當時還有一些文青樂評人稱讚他是台灣的 Bob Dylan，吟遊詩人。想來，蔡藍欽應該已經得道，悟出了 Bob Dylan 歌曲的美，以及其歌詞中的人生大道理。也無怪乎，蔡藍欽的音樂一直是許多當代台灣文青的最愛。

狄倫的唱片。

然後到了二〇一六年，Bob Dylan 居然得了諾貝爾獎。有一天，我那個讀小學的女兒放學回來，很高興的跟我說，學校的英文老師問他們：「有沒有人知道 Bob Dylan 是誰？」結果我女兒馬上舉手跟老師說，她知道，她小時候跟爸爸媽媽出去玩，爸爸媽媽總是一邊開車一邊放 Bob Dylan 的歌。

天啊?!原來現在連小學都在教 Bob Dylan，而在下一代眼中，Bob Dylan 的歌竟然是爸爸媽媽開車時在聽的、老掉牙的歌。這怎麼可以?這樣 Bob Dylan 豈不是跟王維、莫札特、鄧麗君一樣俗氣了?做為一個文青，我們怎麼還可以繼續聽 Bob Dylan 的歌呢?

我的同學蔡藍欽

一九八七年我在台大讀大四的時候，寒假的最後一天也是註冊日。那天早上我在操場跟台大棒球隊的隊友們一起練球，日本籍的石川順學長突然跑過來跟我說：「你知道蔡藍欽出了一張唱片嗎？」

我說我不知道啊。

石川學長說：「我也是聽別人講才知道的，他怎麼可以這樣？出了一張唱片都沒有讓我知道，我以前都不知道他會唱歌，更不知道他會寫歌。」

我知道石川順學長不太高興，因為他跟蔡藍欽合組了一個樂團，石川是主奏吉他手，也是團長，而蔡藍欽是鍵盤手。樂團裡面有成員出了一張唱片，團長居然不知道。我認為石川學長的不悅是完全可以理解的。

其實他們那個樂團一直不是很成功。但蔡藍欽是我在建中高三時的同班同學，石川順是我在台大棒球隊的學長，然後他們那個樂團裡的另一名吉他手何喻曉，又剛好也是我在高一跟高二時的同班同學。所以我就理所當然的，成了他們極少數的粉絲之一，每當台大舉辦那種有很多學生樂團的演唱會的時候，他們都會去唱，而我都會去聽。但其實我也不是去聽歌的，我只是去捧他們的場，順便在台下鬼叫鬼叫罷了。

蔡藍欽的唱片封面。

那天早上練完球後，我到台大資訊系的系館辦理註冊，我在閱覽室裡逢人就說：「嘿，我的高中同學蔡藍欽出了一張唱片耶，他是機械系的，你知道他嗎？」

就在我大聲嚷嚷的時候，另一位同學歐陽明默默地走過來跟我說：「林宜敬，你知道嗎？蔡藍欽昨天早上死了。」

我整個人愣在那邊，覺得不可置信，覺得應該是歐陽明在跟我開完笑，但歐陽明是蔡藍欽的國中同學，而且他向來很嚴肅，很少開玩笑。我問歐陽明究竟發生了什麼事？他說他也不清楚，但蔡藍欽死了，他很確定。

我跑回棒球場上，找到了石川順學長，跟他說了這個噩耗，他也覺得難以置信。那是我知道蔡藍欽出了一張唱片的一天，也是我知道蔡藍欽過世了的那一天。

幾天之後，石川順學長找我帶他到蔡藍欽在西門町的家裡去上香。石川順的中文不太靈光，對台灣的習俗也不是很了解，所以就安安靜靜的坐在那邊，不知道要說些什麼才好。

而我也不知道要說什麼，蔡藍欽的媽媽也不知道要說什麼。三個人就默默地在客廳靈堂的罐頭塔旁邊坐著，坐了好一陣子，直到那一炷香燒完。

台大棒球隊的國手學長們

一九八三年我考進台大，同年進入台大棒球隊，聽說當時有兩位台大棒球隊的學長去參加社會系舉辦的舞會，其中一位郭宜昭學長邀了一位女生跳舞，兩人不認識，雙方都有點尷尬，於是郭學長打破沉默，問道：「聽說台大社會系有兩位名人，一位是棒球國手黃清輝，另外一位是民歌手王海玲。請問妳認識王海玲嗎？」沒想到那位女生說：「我就是王海玲啊！」郭學長覺得非常的丟臉，跳完那支舞之後，就極力慫恿另外一位學長去邀王海玲跳舞，而另外那位學長跟王海玲跳舞的時候，兩人同樣不認識，同樣有些尷尬，於是王海玲問：「聽說台大社會系有一位名人，是棒球國手黃清輝，請問你認識他嗎？」那位學長回答說：「我就是黃清輝啊！」

現在的學弟學妹們聽了這個故事，也許不覺得特別好笑，但是對我們那個年代的人來說，聽到這個故事，就像是聽到王建民去找蔡依林跳舞，但是雙方互不認識一樣，真是笑翻了。在那個台灣還沒有職棒，少棒國手比成棒國手有名的年代，有誰不知道黃清輝？有誰沒有看過他打棒球？

黃清輝學長一九八四年畢業於台大社會系，他是一九七三年台南巨人少棒隊的隊員，是當家投手兼第三棒，強投又強打，那一年巨人少棒隊代表台灣到美國比賽，獲得了威廉波特世界少棒錦標賽的冠軍，三場比賽的分數分別是18:0、27:0、12:0，過程中創下了十項新紀錄，平了四項原有紀錄，被公認是世界少棒史上最強的一隊。幾年之後，黃清輝學長所屬的華興青少棒隊再度代表台灣出征，再度奪得世界冠軍，他同樣是當家投手兼第四棒，而且在勝部冠軍賽中主投七局，只被擊出一支安打，三振對方十二人次，威震全場。

我讀大一的時候，黃清輝學長已經大四。每次輪到他做打擊練習（Batting Practice），他總是會指名要我投給他打，因為他覺得學弟當中就我的球速還比較快，而且控球比較好，他打起來比較過癮。這對我來說是無上的光榮，站在投手丘上看到他一球接著一球的打向左外野的深遠之處，我總是覺得既震撼又滿足，而如果他把球打成滾地球或是高飛球，我都會在投手丘上向他鞠躬致歉，因為我認為不可能是黃學長沒有打好，一定是我沒有把球投好。後來我常常跟朋友說，我的投手生涯中最耀眼的經歷，就是曾經擔任過黃清輝專屬的打擊練習投手（Batting Pitcher）。

在台大棒球隊的學長當中，另一位曾經當過國手的是一九八一年畢業於電機系的吳誠文學長。他是一九七一年第一代巨人少棒隊的成員，當時代表台灣到美國得到威廉波特世界少棒賽的冠軍，那一年巨人隊在冠軍賽中與美北隊纏鬥九局，最後以 12:3 逆轉獲勝，那個晚上全台灣幾乎所有的大人跟小孩都徹夜不眠，全都熬夜躲在蚊帳裡看衛星轉播，獲勝後全台歡聲雷動，鞭炮聲在暗夜之中此起彼落，是我們那一代所有台灣人的共同記憶。

而我第一次見到吳誠文學長是大一的時候，那時候吳學長已經畢業，正在服兵役，趁著休假的時候回校隊跟我們學弟一起打球比賽，他第一次上場打擊的時候，我擔任左外野手，當時擔任游擊手的林宗德學長一直揮手要我往後退，我退到了相當於全壘打牆的距離，但由於台大的棒球場沒有全壘打牆，林學長還是一直揮手叫我繼續退後，令我感到相當的困惑。而就在那個時候，吳誠文學長一棒將球轟到了我的後方約二十公尺處，是一支超大號的全壘打，我只好一直跑，一直追到了新生南路的圍牆旁邊，才把那顆球撿回來。

那時候我還是大一新生，沒有固定的守備位置，所以隔了幾局被調去守游擊，我連續接了幾個滾地球，漂亮的將打者們刺殺在一壘。比賽結束之後，吳誠文學長特地把我叫過去，當著教練的面說：「這位學弟不錯，很有潛力！」說完輕輕拍了拍我的肩膀，當時我覺得就像是被英國女皇拍肩冊封為爵士一樣，感覺真是飄飄然。

吳誠文學長不但球打得好，書也讀得好。他退伍之後到加州大學聖塔巴巴拉分校（UCSB）取得電腦工程博士學位，回台灣先後擔任清華大學電機系教授、電機系系主任、電機資訊學院院長，目前則是工研院資通所所長。

後來我常常跟棒球隊的學弟們說，我從小自認為很會打棒球，也很會念書，但是我打球打不過吳誠文學長，念書也拚不過吳誠文學長，偏偏他人又很好，對學弟們很照顧，所以我也沒辦法恨他。唉——

那時候常常回台大棒球隊打球的國手，還有一位一九八〇年法律系畢業的孫金鼎學長。孫金鼎學長曾經是一九七三年華興青少棒隊的成員，同樣是強投又強打，他在那一年的中華盃青少棒賽中曾經投出一場七局連續二十一次三振的「完全三振、完全比賽」，是一個無法超越的紀錄。而那一年華興青少棒隊代表台灣到美國參加世界青少棒賽，同樣奪得世界冠軍。

印象中，孫金鼎學長是所有學長中球打得最遠的，聽說他在台大棒球場有好幾次把球轟到新生南路上，形成超大號的場外全壘打，只可惜我沒有親眼看到過。但是印象中他跟我們這些學弟打球，每次上場不是全壘打就是二壘安打。即使他目前已經五十多歲，還是常常在校友隊的比賽中擊出長打。所謂的天生好手，大概就是這個意思吧。

我讀大三的時候，有一天，台大棒球隊邀請當時的棒球國手林華韋來指導練球，在練球時照例先做打擊練習，林華韋也一同參加，他在進行打擊練習的時候，我擔任捕手，林華韋看了看左外野新生南路的圍牆，轉頭問我：「有沒有人把球打出去過？」我答說：「有啊，孫金鼎學長好幾次把球打到新生南路上。」接下來的幾球，林華韋非常奮力的揮擊，我知道他很想把球轟出去，但就是沒辦法，我蹲在本壘後面一直偷笑。

隔了多年，我跟孫金鼎學長述說這個故事。他聽了之後笑著說：「林華韋是我青少棒時期的隊友，他不可能啦！他不是全壘打型的打者，他不可能把球打出去啦！」聽到台灣大學棒球隊的學長這樣笑台灣國家代表隊的隊員，那種感覺還真是蠻奇特的。

要把棒球打好，除了必須有天分之外，還必須加上不斷的努力與長時間的練習。記得黃清輝學長曾經跟我說過，他們在讀小學時打少棒，除了練球之外，全隊每天早上會到台南市立運動場跑三十三圈做體能訓練，跑完之後還覺得不夠，會順著看台的階梯上下跑好幾趟。我聽完之後說：「天啊！你們的教練怎麼那麼不人道啊？」沒想到黃學長說：「沒有啊！不是教練要我們跑的，那個年代所有的小孩都想要打棒球拿世界冠軍，那些體能訓練全都是我們自己要求做的。」

然而，在台灣的升學競爭中生存，同樣要花上許多時間，兩者很難兼顧。孫金鼎學長在高中時期退出華興青棒隊，吳誠文學長在小學畢業之後沒有繼續打青少棒，而黃清輝學長在奪得青少棒世界冠軍之後，也加入了升學競爭的行列。

至於我們這些小時候沒有真正「練過」的學弟們，實力當然就更是差他們一截了。我們不但在國中、高中升學的過程中很少有時間打球，即使後來上了台大，要兼顧課業跟打球也是一件很辛苦的事。我還記得大一的時候，台大校方規定了一些全校共同的必修課，像是國文、英文、國父思想等等；工學院也規定了一些必修課，像是物理、化學、工程圖學等等；而我們資訊工程系又有一些自己系上的必修課，像是計算機概論等等。結果我們一個學期必須修二十七個學分，一個禮拜必須上四十五個小時的課，每天下課之後，不但筋疲力盡，而且天都已經黑了。而當時依照教育部的規定，其實每個學期每位學生不能修超過二十五個學分，那還是台大工學院特地去交涉，才讓我們可以「享受」每學期二十七個學分的特殊待遇。於是如果我們要練棒球，就只好蹺課，印象中有好幾次練球練到一半，好心的同學跑來通知說教授在點名了，我們只好匆匆拿著球具，氣喘噓噓地衝回教室去接受點名。後來升上大二、大三，共同的必修科目雖然減少了，但是自己系上的專業科目卻也加重了，只有在上了大四之後，我們才有辦法在不做實驗、不寫程式的時候多抽出一點的時間來練球。

曾經有位朋友看我對棒球非常地痴迷，問我，我有沒有想過要打職棒？我沒有直接回答，但是告訴他一個故事。在我讀大四的時候，有一天，台大棒球隊邀請棒球國手黃平洋來指導投手們練球，我們幾位擔任投手的隊員在投手丘上拚命催球速，每個人都希望留給黃平洋一個好印象，沒想到黃平洋看了看，說：「你們熱身得差不多了，可以用力投了。」當時我心裡想：「哇咧，我們都已經使盡吃奶的力氣了，你究竟是要我們怎樣？」我們只是大專乙組球員，小時候沒有練過，可不是那些黃平洋認識的，曾經當過國手的學長們。

當幾位國手學長在台大棒球隊的時候，台大當然是大專乙組棒球界中的超級強隊，在他們畢業之後，台大棒球隊的實力大受影響。一九八六年我們參加大專杯棒球錦標賽，在台北市立棒球場擊敗了陽明醫學院隊，賽後民生報記者要幫我們全隊拍合照，我們都十分地興奮，自以為奮鬥有成，終於要上報出名了。沒想到隔天民生報雖然刊出了我們的照片，但新聞的重點是台大棒球隊的每一位上場的隊員都戴眼鏡。

一九八九年我到美國布朗大學（Brown University）攻讀博士學位，當時我們系上的壘球隊得到了全校冠軍，而且我還是隊上的明星球員，所以我也曾動過念頭，想去加入布朗的棒球校隊，但是稍加打聽之後，才知道他們在球季中每週大概有三場正式的校際比賽，再加上練球，每週大概有四、五天在球場上。作為一個外國留學生，我沒有那個時間，而且雖然布朗大學所屬的常春藤聯盟在美國各個大學運動聯盟當中差不多是最弱的，但是由於我在大學時期練球時間太少，實力大概也跟美國球員差上一大截了。

美國的大學比較重視個人的選擇，沒有那麼多的必修課跟共同科目，據我所知，即使是常春藤聯盟的學生，每個學期每位學生最多選五門課程，每週最多上十幾個小時的課，剩下來的時間，學生可以自己安排，依照自己的興趣發展。

大概在二〇〇七年的時候，有一天我跟孫金鼎坐在台大棒球校友隊的球員休息室裡聊天，那時候王建民正當紅，全台灣都在看美國職棒大聯盟的比賽。我突然問他：「學長，你現在看王建民比賽，會不會想，如果當年你有這個機會，你會不會也站在那個投手丘上？」我原本以為那只是一句玩笑話，沒想到孫學長沉默了，一直沒有回答我的問題。我知道，如果當年沒有那些升學壓力，如果他年輕的時候台灣的球員也可以出國打職棒，憑他的天賦，他應該是有那個機會的。

畢業這些年來，我曾經在國際學術研討會上發表論文、做過演講，曾經跟兩位當過總統的台大學長握手，曾經跟另外兩位當過行政院長的學長聊天吃飯，也曾經跟幾位當上中研院院士的學長們開會，但是在這些場合我都不會特別地緊張興奮。只有在跟幾位國手學長們練球的時候，我才會興奮緊張到手心微微出汗，心中不斷地想：「天啊，我正在跟我的偶像們傳接球耶！」

註記我們這個世代的一支全壘打

棒球文學一直是美國文學中的一個重要部分。許多知名的作家跟學者，像是名記者 David Halberstam、政論家 George Will、歷史學家 Doris Kearns Goodwin、古生物學家 Stephen Jay Gould 等人，都曾經以棒球作為主題，寫過一些膾炙人口的暢銷書。

因為棒球是一種很獨特的運動，棒球是不連續的。在一場棒球賽的大部分時間裡，大部分的球員都是靜止的。當投手站在投手丘上，手握著球，看著本壘那邊的打擊者跟捕手的時候，在一壘的跑者會試探性的離開壘包，雙眼緊盯著投手，同時用眼角餘光看看一壘手。而防守方的二壘手跟游擊手會交換一下眼神，打個暗號，決定在跑者盜向二壘的時候，要由誰進到二壘去補位。

靜止反而是棒球比賽的張力。在這些靜止的時刻裡，球場裡的所有球員、教練，觀眾，以及記者們各自有各自的心思，同時也彼此在猜測對手們的心思，他們的思緒並不是靜止的，他們的比賽是在心理層面上的，而不是在物理層面上的。有些人盤算着要如何得分，有些人盤算著要如何防止對方得分，而更有些美國人坐在觀眾席裡，思考著人生與命運，因為當投手將球投出之後，打擊者可能會揮出球棒，然後球賽的結果就會在一剎那之間發生戲劇性的改變。

在那些等待的時刻，以及接下來可能會發生的戲劇性改變中，有些美國人覺得他們看到了他們自己的人生，有些美國人看到了美國社會的縮影，也有些人看到了希臘式的悲劇。是的，美國耶魯大學的前校長，也是著名的學者跟美國職棒大聯盟主席 Bartlett Giamatti 曾經說過：「棒球讓你心碎，它就是設計來讓你心碎的。」但是在多年的屈辱與失望之後，當勝利來臨的那一刻，那就是所有悲劇英雄的救贖。

美國人也喜歡籃球跟美式橄欖球，但是美國並沒有籃球文學的傳統，也沒有美式橄欖球文學的傳統。當然，美國的NBA職業籃球非常好看，我們在電視上看到籃球之神邁可・喬登拿到了球，幾個運球之後跨步閃過防守的球員，然後扣籃得分。美妙！但這有什麼好寫的？籃球跟美式橄欖球不過是一連串流暢的動作，技術好的那一隊贏面永遠比較大。籃球跟美式橄欖球是適合電視轉播的運動，而不是適合書寫的運動。在籃球跟橄欖球的世界裡，人們看不到悲劇，也看不到救贖。

自習室裡的竊竊私語

一九八三年的九月十三日晚上八點左右，我坐在台中成功嶺某步兵師三營十五連的自習教室裡，當時我剛考上大學，在成功嶺上接受為期四十二天的大專兵入伍訓練。而跟我一同坐在那個自習教室裡的，還有另外一百五十九名大專新生。我們躁動不安，我們的心都靜不下來，因為我們知道，那時候台灣的成棒代表隊正在韓國首爾參加亞洲盃棒球錦標賽，與日本隊爭奪那一張代表亞洲參加一九八四年洛杉磯奧運棒球表演賽的門票。

「現在第幾局了？」「現在到底是幾比幾？」我們竊竊私語，我們低聲互相詢問。

原本在成功嶺晚自習的時候，自習室裡總會有一位值星排長跟幾位班長們負責維持秩序。但是那天晚上，我們連上所有的軍官跟士官都不見了。我們知道，他們都躲在連隊的文康室裡看那場棒球賽的電視轉播，因為我們隱隱約約的可以聽到播報員的聲音，以及連長、輔導長、排長，以及班長們極力克制壓抑著的，一聲又一聲的嘆息與歡呼。

而每當我們這些大專兵的竊竊私語蔓延開來，越來越大聲的時候，就會有一位班長從文康室裡衝出來，跑到自習室裡高聲咒罵我們，要我們安靜，要我們乖乖的坐著看書。然後在罵完之後，那位班長又會快步跑回文康室裡。

細雨中的高飛球

就在三天前，台灣隊與日本隊在一場關鍵的比賽中一直打到九局下半，比數還是四比四平手。但是九局下半日本隊進攻，在兩出局之後形成滿壘。日本隊的打者擊出了一支內野高飛球，而台灣隊的一壘手趙士強卻在毛毛細雨中滑倒漏接，非常戲劇性的以四比五輸給了日本隊。

當時整個台灣充滿了失望的氣氛。因為台灣在一九七〇年代是少棒王國，台灣曾經拿過好幾次的少棒、青少棒、青棒「三冠王」，但那終究是小孩子們的遊戲。台灣好不容易等到那些小國手們長大了，終於可以與美國、日本、韓國、古巴的棒球高手們一較高下了。而棒球也剛好在隔年一九八四年的洛杉磯奧運中，會首次成為表演賽。

在那個年代，台灣還是一個開發中國家，人民並不富有，在外交上是個國際的棄兒。而偏偏在過往的奧運比賽當中，台灣人游泳比不上人家，跑步、跳高、舉重也都比不上人家。自從楊傳廣在一九六〇年羅馬奧運中奪下十項全能銀牌，紀政在一九六八年墨西哥奧運中奪得八十公尺跨欄銅牌之後，台灣就一直跟奧運的獎牌無緣，台灣人一直有種揮之不去的自卑感。於是在一九八三年，全台灣都期待台灣的棒球隊能打贏亞錦賽，取得隔年去洛杉磯參加奧運棒球表演賽的門票，然後奪下一面奧運獎牌。

偏偏在一九八三年九月十日晚上，趙士強在韓國首爾蠶室棒球場的毛毛細雨中滑了一跤，於是台灣人想要在國際上爭一口氣的希望似乎又再度破滅了。

文康室的歡呼聲

還好故事並沒有就此結束，三天之後的九月十三日，台灣隊跟韓國隊纏鬥到第十一局之後，驚險的以四比三贏了韓國隊，贏得了與日本加賽一場爭奪奧運門票的機會。然後台灣隊休息了半個小時之後，又緊接著跟日本隊展開比賽。

在同一時間，我坐在台中成功嶺三營十五連的自習室裡，透過同袍之間的耳語來收聽那場比賽的進度。

突然間，我們聽到文康室那邊傳來一陣爆炸性的歡呼聲，於是我們這些大專兵們都知道，我們贏了！我們開始鼓譟，值星班長再次衝進自習室裡大聲咒罵我們，但是他的臉上滿是笑容。而當謠言像草一般從自習室的門口飄起來的時候，我們知道，趙士強在九局下半打了一支再見全壘打。

一個時代的記憶

那支全壘打實在太戲劇化了，全台灣為之瘋狂。幾天之後台灣棒球代表隊回到台灣，全隊先是到總統府覲見蔣經國總統，在總統府前面的台階上列隊高呼「總統萬歲！中華民國萬歲！」然後再到中正紀念堂向蔣介石的銅像行三鞠躬禮。這些事情現在講起來有點好笑，但是在那個威權時代，台灣就是那個樣子的。

我在亞錦賽之前上成功嶺受訓的時候，台灣打棒球的成年人還不多。但是等到四十二天之後亞錦賽結束，我從成功嶺下山到台大報到的時候，台大體育場上擠得滿滿的都是打棒球的人。我們甚至可以說，在一九八三年的亞錦賽之前，棒球在台灣被認為是小孩子的運動，而在亞錦賽之後，棒球已經是成年人的運動。而接下來的那幾年，剛好也是台灣社會由威權走向民主，經濟蓬勃發展，逐漸取得自信的年代。

然後時隔三十八年，在二〇二一年十一月，我終於在朋友的家中見到了我心目中的英雄趙士強。酒過三巡之後，我們自然聊到了一九八三年在韓國的亞錦賽。他跟我說了許多發生在那幾天的故事，他講到了他漏接之前的那一刻。他抬頭看著那顆衝天而起的高飛球，同時用眼角餘光看到投手莊勝雄脫下了帽子，似乎想要過去接球，然後他看到二壘手葉志仙跟游擊手吳復連向前移動，但是又停下了腳步，所以他在最後一刻才衝過去接那顆球。那一刻，細雨從天空中飄下，世界似乎是靜止的。

他講到他當天輸球之後回到華克山莊的旅館，剛好跟日本隊乘坐同一部電梯，日本隊有一位球員在電梯裡促狹的跟他說了一句「ありがとう！」（謝謝！）讓他氣憤難當，整夜無眠。

然後他講到三天之後的那支全壘打。他打到球之後拚命的跑，一直跑到二壘，看到二壘裁判跟他揮手示意，他才知道那是一支再見全壘打。那一刻，世界也似乎是靜止的。

然後他講到比賽結束之後，他又特地拿著球棒衝到右外野，找到了當時敗戰的日本投手，大聲回敬了一句「ありがとう！」然後將球棒送給那位投手。而在多年之後，他跟那位日本投手居然成了好朋友。

我聽完了趙士強的故事之後，也跟他講了我在成功嶺上聽他打棒球的故事。講到當時我們的躁動與不安，講到文康室那一聲歡呼所帶給我的快樂。

有一種說法，每個國家的每個世代的記憶，都是由幾個特殊事件所定義的。據說經歷過二次大戰的美國人，都會清楚地記得在一九四一年十二月七日，當他們聽到珍珠港事變新聞的時候，他人在哪裡？正在做什麼事？而同一世代的日本人，也同樣清楚地記得在一九四五年八月十五日，當日本天皇透過玉音放送宣布無條件投降的時候，他人在哪裡？正在做什麼事？然後在一個世代之後，所有的台灣人也都會記得，當他們在一九七五年四月五日聽

和趙士強合照。

到蔣中正總統過世的新聞的時候，他人在哪裡？正在做什麼事？

而我只是清楚地記得，在一九八三年的九月十三日晚上八點左右，當趙士強擊出那支全壘打的時候，我人在台中成功嶺某步兵師三營十五連的自習室裡，正豎著耳朵傾聽連上文康室裡傳來的任何細微聲響。如果有台灣人說他不記得那一刻他人在什麼地方，在做什麼事，那他肯定不愛國，他肯定不是一個棒球迷。

三個中南半島的逃難故事

說起中南半島，我們這個世代的台灣老文青就會想到越戰。然後我們會想到搖滾樂、嬉皮、《現代啟示錄》、《越戰獵鹿人》、珍・芳達、約翰・藍儂跟小野洋子、愛與和平。

一九七〇年代初期，我們一家住在台中市，而我是個小學生。當時越戰還沒有結束，我每天晚上跟我爸爸媽媽看電視新聞的時候，總是會在螢幕上看到美軍直升機與越南的稻田，而電視台的播報員總是會說，當天越南又發生了什麼樣的零星衝突，美軍又陣亡了多少人。而由於台中的清泉崗機場是美軍在越戰期間的重要空軍基地。所以當時我們走在台中市的馬路上，有時候還能看到坐著吉普車呼嘯而過的美軍。

我們有一種錯覺，覺得越戰距離我們很近，我們很能了解美國人對越戰的憤怒與傷痛。但另一方面我們又知道，越戰其實距離我們十分的遙遠，我們小時候其實不認識任何打過越戰的美國人，也沒見過打過越戰的越南人。我們所了解的越戰，其實是電視新聞裡的越戰、電影裡的越戰、搖滾樂中的越戰、美國人眼中的越戰。

一直到了一九九六年，我才有機會認識一些經歷過越戰的越南人，聽到他們親身經歷的越戰人生故事。因為當時我在一家台灣上市電子公司設在美國鹽湖城的工廠工作，而工廠裡有不少越南人員工。那些員工大多是美國在一九七五年撤出越南之後，由美國政府安排到美國定居的越南難民。

陳博士的千里逃亡

我們的工廠裡有一個化學檢驗室，檢驗室的主任是一位內華達大學畢業的陳博士，他當時大約四十歲，戴著一副眼鏡，白白淨淨的，講話十分的客氣斯文。但是某一天中午我們一起吃飯的時候，他跟我說了他的故事。

他是一個在越南西貢出生長大的華人。一九七五年四月的時候，他高中剛畢業，有一個很要好的女朋友。當時他的女朋友要到台灣的成功大學讀書，所以他就送他的女朋友到西貢的機場搭飛機，兩人依依不捨的道別了。

他從機場回家之後，過了沒幾天，越共就攻入了西貢，越南解放了。而越共進城之後，除了清算舊南越政府的官員與支持者之外，也開始清算華人。陳博士他們家被抄了，許多華人被打了。有一天，他的爸爸把他跟他哥哥叫到跟前，跟他們說：「看來這個局勢已經不行了，我的年紀大，跑不動了。但是你們兩兄弟還年輕，你們就盡量往北邊逃吧，看能不能逃到中國？」

於是他們兄弟兩人就辭別了父母，徒步往北方前進，千辛萬苦地走了一千多公里，從南越走到了北越，然後再從北越跨過邊境進到了中國的廣西省。

陳博士跟他的哥哥成了難民，在中國的廣西省住了將近四年。但是到了一九七九年二月，中國發動中越戰爭，局勢又開始混亂。而由於陳博士是在越南長大的，會說越南話，所以他就被中國的解放軍徵召入伍，成了中國軍隊的翻譯，跟著中國的軍隊殺回了越南。

幾個月之後，中越戰爭結束，陳博士離開了解放軍，他決定再次逃難。他從廣西逃到了深圳，然後又從深圳偷渡到了香港。

陳博士到了香港，輾轉跟他的高中女友聯絡上了。他發現他的女朋友已經從台灣的成功大學畢業，並且在加拿大留學。接下來他的女朋友不但寄錢接濟他，而且還安排他也一起到加拿大讀書。

他們在加拿大重逢。多年不見，他們兩人的感情還在，於是他們就結婚了。然後他們一起移居到了美國，陳博士進入了內華達大學雷諾分校，在那邊拿到了礦冶學的博士學位。

陳博士拿到博士學位之後，在美國猶他州的鹽湖城工作了幾年。然後他聽說台灣有一家公司要到鹽湖城設廠，他馬上就辭掉了工作，跑到我們公司來應徵。他說，他一輩子都在逃命，一輩子都被人家欺負，所以他決定要到一家華人開的公司工作，因為他相信他在華人的公司工作，應該會比較有保障。

但是一九九七年我離開那家鹽湖城的台資工廠，回到台灣工作之後，我就跟那位陳博士失去了聯絡。然後又過了幾年，我聽說那家台灣上市公司的美國廠因為不堪虧損而關閉了。

聽到關廠的消息時，我第一個想到的就是那位一直在逃難的陳博士。

隔壁鄰居的直升機

鹽湖城那家工廠的副總經理是一個台灣人，而他的太太潔西比我大了幾歲。潔西的英文很好，中文也很好，原本我一直以為她是在台灣出生長大的台灣人。直到有一天她請我跟我的太太喝咖啡聊天，她才跟我們說，其實她也是越南華僑，然後她跟我們說了她的故事。

一九七五年越共攻入西貢的時候，她還在讀中學，她的爸爸有三間工廠，她們家住在西貢市的高級住宅區裡，是一個非常富有的華人家庭。在越共入城之前，他們一家捨不得拋棄財產逃難，而等到越共入城之後，他們知道，他們就算想逃也逃不了了。而且既然他們是一個資本家家庭，他們一定無法逃過越南共產黨的清算。

在越共入城的那一天，潔西在院子裡看到有一架直升機飛到了隔壁鄰居的家裡，把鄰居一家人給接走了。潔西望著天空中那架逐漸遠離的直升機，心裡想，他們的鄰居應該是用錢買通了軍方的什麼人，所以在最後一刻拿到了離開越南的門票吧？潔西感到非常地羨慕，也為自己的不幸感到非常地哀傷。但就在她這麼想的時候，突然有一顆火箭彈從附近竄出，直接擊中了那架直升機，然後他們的鄰居一家人就化成了一團火球掉了下來。

解放後不久，越共接收了他們家的工廠，他們變得一無所有，她在學校裡，跟著所有的同學們公審老師跟校長，她當時只覺得很有趣，但是不久之後，他們家也成了被批鬥的對象。當時她的父親面臨了一個艱難的決定，他究竟是要把他們一家的中華民國護照藏起來呢？還是要直接燒掉？因為如果被越共搜到了那幾本護照，那他們一家可能性命不保；但是如果他將那幾本護照燒掉了，那他們一家就永遠離不開越南。

潔西的爸爸最後還是決定留下那幾本護照，並仔細藏好。過了一兩年，局勢緩和一些了，國際紅十字會到越南營救持有外國護照的人，他們一家就靠著那幾本護照離開越南。潔西上了飛機之後，很高興的想跟她爸爸說話，但是她爸爸卻要她閉嘴，面色凝重地跟她說：「妳先不要高興，要等到飛機起飛之後，我們才算是平安了。」

飛機終究是起飛了，潔西一家人跟其他的乘客們在飛機上歡呼雀躍，然後他們一家人到了台北松山機場，叫了一部計程車到潔西的外婆家。潔西下車之後，直接就要往外婆家的門口走，但是卻感覺到她的手好像被什麼人拉住了。潔西回頭一看，才發現原來是她在關計程車車門的時候，不小心把自己的手夾住了，她的爸爸媽媽急急忙忙打開計程車的車門，把她手抽出來，潔西看到她自己的手指頭已經被車門夾到扭曲變形，但是她卻完全感覺不到任何的疼痛。

潔西說，她還記得那天是個豔陽天，她覺得那好像是一場夢境。

菲律賓田野中的腳踏車

鹽湖城那家台資工廠的附近有一個小商場，商場裡有幾家速食店，而速食店外面擺了幾張野餐桌。一九九七年春天我在那邊工作的時候，中午經常會跟一些同事們到那邊買了三明治，然後坐在戶外的野餐桌吃。

我想多認識一些人，多聽一些關於中南半島的戰亂與人生故事，於是我每天就盡量找不同的人吃午餐，然後設法把話題引到越南，讓他們跟我講一些他們在越戰當中的經歷。

其中一位是傑生。傑生是我們工廠裡的一位領班，他的年紀跟我差不多，長得矮小、黝黑而精悍。他跟我說，他其實不是越南人，而是華裔的高棉人。而他不太會說中文，所以就用英語跟我說了他的故事。

一九七五年四月，越共進入西貢。而在差不多在同樣的時間，高棉共產黨，也就是俗稱的「赤柬」軍隊也進入了高棉的首府金邊，控制了整個國家。

那時候傑生大約只有十歲左右，跟他的父母親住在金邊附近的村莊裡。他記得赤柬來了，放了一把火燒掉他們家的房子，但是赤柬軍隊走了之後，他的父親就又把房子蓋了起來。然後赤柬又來了，又放了一把火把他們的家燒掉，然後他的父親又把房子蓋了起來。

但是等到赤柬第三次回來，第三次放火把他們家燒掉的時候。他的父親終於放棄了，決定要帶著一家人逃難。他們變賣了所有的家產，然後雇了幾位嚮導，跟著一群人從高棉步行逃到泰國。

那段旅程漫長而艱辛。當他們走到高棉與泰國邊境的時候，嚮導交代他們說，走路的時候一定要踩著前一個人的腳印前進，千萬不要亂跑，因為那些小徑布滿了赤柬埋下的地雷，如果隨便亂走，很可能會被地雷炸死。

傑生一家人很幸運，他們平安的跨越了邊境，進入了泰國，然後就被收容在聯合國與紅十字會設立的難民營裡。傑生說，他們當時住的難民營是一排一排的大營房，裡面是通鋪，而外面都有泰國的士兵看守。那些泰國士兵很壞，晚上會進到他們難民營的宿舍裡，從人群中拉出年輕漂亮的難民女孩子，然後就當著女孩子父母與眾人的面，在宿舍的地板上強暴她們。當時難民們都恨透了那些泰國士兵，但是泰國士兵們手上有槍，而難民沒有，所以他們什麼事也不能做，只能看著默默流淚。

過了一兩年，美國人安排傑生他們一家人轉到菲律賓去。他們在菲律賓也還是住在難民營裡，但是菲律賓人對他們很好，難民營並沒有門禁。所以他白天經常會騎了腳踏車在菲律賓的田野裡到處亂逛，然後到了晚上，他會到天主教的教堂裡跟菲律賓人一起唱聖歌。

傑生在菲律賓信了天主教，成了教徒，然後又過了一陣子，美國政府把他們一家人接到了美國的鹽湖城。

我記得傑生告訴我這些故事的時候，是一個出太陽的好天氣。而鹽湖城是一個沙漠中的綠洲，春天非常的乾燥而涼爽，我們坐在速食店外面，幾張野餐桌乾淨而整齊，充滿了美國風味。一切的一切，距離中南半島濕熱的叢林與稻田、戰爭與殺戮，似乎都是那麼的遙遠。

我的傾城之戀

我第一次去香港是在一九九七年。但是在那之前，我對香港已經有了很多的美好想像。

在小說家張愛玲的筆下，香港是一個不中不西又充滿趣味的城市。對中國人來說，香港充滿了異國情調；對西方人來說，香港也充滿了異國情調。西方人到香港來尋找中國，中國人也到香港來尋找西方。

在一九八〇年代，我讀高中大學的時候，香港是海峽兩岸三地當中唯一有言論自由的地方，也因此孕育出了一個生氣蓬勃的流行文化。

金庸、倪匡、楚留香、李小龍、洪金寶、成龍、周潤發、劉德華、葉子楣。當時我們台灣人經常閱讀香港人寫的小說，也經常看香港人拍的電視跟電影。

在一九七〇年代，中央研究院近代史研究所的創所所長郭廷以寫了一本《近代中國史綱》，那本書是當時最接近史實的一本近代中國史。但也就是因為如此，那本書只能在香港出版。

《近代中國史綱》出版之後，在中國大陸被列為禁書，在台灣也被列為禁書。而我在一九八〇年代讀大學的時候，在台大對面新生南路的禁書攤買到了一本。當時我如獲至寶，徹夜翻看，也從而知道許多國民黨不想讓我們知道的歷史。

在冷戰時期，香港也是兩岸三地當中唯一擁有法治的地方。許多的西方國家都在香港設立據點，因為在香港可以就近跟中國大陸做生意，又可以保障自己生命財產的安全。

在西元兩千年前後，我很喜歡到香港，每次轉機的時候總會藉機停留個幾天。我會去淺水灣飯店尋找張愛玲的足跡；到廟街吃食神周星馳的黯然銷魂飯；搭纜車到太平山的山頂餐廳享受一下異國情調。

但是最近幾年，我已經很少去了。我總覺得現在的香港已經不是我之前所喜歡的那個香港，那個不中不西又充滿著自由氣息的城市。

最近這二十年來，香港與中國大陸的經濟關係越來越緊密，文化也趨於一同。如今西方人到香港，已經很難感受到中國情調，而中國人到香港，也很難感受到西方情調。

香港的電影跟電視劇少了，變得無趣了，許多人都在問：現在還有香港電影嗎？以後還會有香港電影嗎？

在過去二十年裡，台灣人獲得了言論自由，而香港人卻逐漸失去了言論自由。如今台灣人想要知道歷史的真相，已經不用去找香港的出版品。

倒是以後香港人想知道歷史的真相，恐怕要到台灣來找相關的出版品。

蓬勃而有朝氣的流行文化，通常只會出現在自由的土地上。我們為香港的困境感到難過，但說不定，這也就是台灣的機會。

台灣現在是兩岸三地當中唯一擁有言論自由的地方，有著這樣的優勢，說不定台灣會像冷戰時期的香港一樣，發展成華語流行文化的中心。

同樣的，在過去二十年裡，台灣逐漸趨向法治，而香港卻逐漸失去法治。在這種氛圍之下，規規矩矩做生意的公司應該會逐漸撤離香港，而選擇在台灣設立據點。

張愛玲在小說《傾城之戀》的最後寫道：

「香港的陷落成全了她。但是在這不可理喻的世界裡，誰知道什麼是因，什麼是果？誰知道呢，也許就因為要成全她，一個大都市傾覆了。」

張愛玲這段文字所寫的「她」，是小說中的女主角白流蘇。但是現在看到這段文字，我想到的「她」是台灣。也許香港的陷落，就是老天爺想要成全台灣，告訴我們民主、自由跟法治的重要性吧？

造反者的青春回憶

我在一九八三年進入台大就讀。那時候台灣正處於解嚴的前夕，獨裁與民主的歷史交會點。而由於戒嚴令的關係，當時台灣已經有三十多年沒有發生過學生運動。在那之前，任何人上街遊行反政府，要不是直接被抓去槍斃，就是被送到綠島管訓。然而，一九七九年美麗島事件之後，台灣的反對運動蓬勃發展，社會的風氣越來越開放，到了一九八六年我讀大三的時候，台大的學生們為了爭取言論自由，終究還是冒著危險，發起了「自由之愛」學生運動。

那時候我跟學運的連結主要來自於三個人：一位是我的高中同學羅葉，一位是羅葉在社會系的同班同學許傳盛，另外一位則是我在台大棒球隊的黃學長。他們三人都是學運的核心分子、教官眼中的麻煩人物。當時我們就聽說了，警總跟調查局已經幫他們建立了專屬的卷宗，打算隨時加以逮捕。

而受到他們三人的影響，我也成了學運的外圍分子。他們在椰林大道上演講的時候，我會站在台下鼓掌；當他們缺錢的時候，我會回到我所就讀的資訊工程系去幫他們募款；而當他們肚子餓的時候，我就會買便當跟啤酒去資助他們。

民主送報生

一九八六年的十月，抗議學生們發行了一份沒有經過學校審查、稱作「自由之愛」的地下報紙，而羅葉也寫了一首慷慨激昂、同樣叫做「自由之愛」的現代詩，登在那份報紙創刊號的頭版。

當時羅葉拿了一疊厚厚的「自由之愛」到我們系上找我，要我去幫忙發送。他帶我到台大的校門口，跟我說，台大校門口是最好的發送地點，如果教官來了，我就往校門口外面跨一步，站到校外去，因為學校的教官們管不到校門以外的事情；而如果校外的情治人員來了，我就往校門口裡面站一步，站到校園裡面。因為據說台大前校長傅斯年跟蔣介石總統在一九五〇年代留下了一個不成文的協定，軍警不會進入台大校園抓人。

對於那個說法，我將信將疑，不過還是很熱血的站在校門口，把那厚厚一疊的「自由之愛」給發完了。

屋頂上的特務

當時在台大的椰林大道上，經常會有抗議學生們的演講。講者在台上說的慷慨激昂的，台下的學生們雖然拚命鼓掌，但卻總是低著頭。因為我們都知道清治單位正在搜證，如果我們把頭抬起來，就會被拍照入鏡，然後就有可能會被學校抓去記過，或是變成政府登記有案的異議分子。

有一次，演講者在椰林大道上的傅鐘下面演講。他在台上說：「各位同學，現在台大到處都是國民黨的特務，請看！」然後就伸手往身後的物理系系館屋頂一指，台下的聽眾們很自然的順著他的手勢望過去，卻發現物理系系館的屋頂上有個人正拿著望遠鏡頭對著他們照相。

所有在台下的聽眾們抬頭望著那位特務，心裡都在想：「完蛋了！我終於還是入鏡，被照到臉了。」而那個站在屋頂上照相的特務應該也嚇了一大跳，心裡想：「完蛋了！我被他們發現了。」

多年之後，羅葉跟我聊起這段往事，我們總覺得特別好笑。但是對於當時不小心入鏡的同學們來說，所受的驚嚇應該著實不小。

尖嗓的學運領袖

當時許傳盛是大學新聞社的社長，也是許多抗議活動的發起人。他跟我說，學運領袖們在每次在抗議活動前一天晚上，總會找個地方聚會，一邊喝酒，一邊商討隔天的計畫，而大家總是講得慷慨激昂，好像天不怕、地不怕似的。

但是到了隔天抗議的現場，大家都會緊張得不得了。有一次，一位男生上台演講的時候，緊張到嗓音都變了，聲音變得很尖銳，像是小女生一樣。

大家事後想起來都覺得很好笑，但是在那抗議的現場，所有的聽眾都緊張到笑不出來。

許傳盛又跟我說，每次在秘密聚會之後，他一回到住處，就會馬上接到教官打來的電話。教官會跟他說：「傳盛啊，你們剛剛在某某地方開會，商量明天行動的計畫，對吧？在會議中，某某某同學說了某事，而某某某同學又說了某事，對吧？」

學運的幹部們當然知道，他們之間出了叛徒，有人是國民黨政府派到他們社團中臥底的。於是他們就用排列組合的方式，每次找不同的人來開會。然後很快的，他們就找到了那個叛徒。他們將那名叛徒帶到台大活動中心的社團辦公室裡，開起了刑堂審問。那位叛徒堅持不肯認罪，但是眾人還是對他拳打腳踢。因為之前社團裡有幾位學長也曾經被國民黨的情治單位帶去審問過，同樣是被拳打腳踢。他們都覺得是被那個叛徒陷害了。

但是不久之後，學運領袖們就發現他們打錯人了，那位挨揍的同學其實是被冤枉的，並不是叛徒。許傳盛跟我說，後來他在校園裡遇到那位同學，總是覺得特別尷尬。

五十步笑百步

一九八七年的五月十一日，台大學生們在椰林大道上舉辦了「五一一大遊行」。但所謂的「大遊行」，其實不過是六十個左右的學生，排著整齊的隊伍，在校園內的椰林大道上走一圈而已。因為當時我們都知道，那是台灣數十年來的第一場反國民黨遊行，如果遊行隊伍一走出台大校園，所有人就會馬上被逮捕。接下來被開除，甚至被抓去關、被送去綠島管訓都是有可能的。

當時我看到羅葉跟許傳盛走在隊伍之中，遊行的氣氛非常緊張。學生們唱歌、呼口號，而教官們就在旁邊監視。我們都知道，混在圍觀人群之中的，一定也有調查局派來的特務跟一些職業學生，他們正在蒐證。

我不是學運的核心分子，也比較膽小，所以我當時不敢加入遊行的方陣，只是在隊伍後面大約五十步遠的地方，一路默默跟著他們，算是給那些勇敢的同學們一些心理上的支持。

走著走著，當時在台大專門負責處理學運的謝教官看到了我，遠遠的對我喊道：「宜敬，你在這裡幹什麼？」

我說：「報告教官，我剛下課，剛好路過。」

但是說完之後，我就繞到隊伍的另外一邊，還是跟著遊行的隊伍走。不久之後，謝教官又發現了我，他說：「宜敬，你怎麼還在這裡？沒事趕快回家吧。」

我口中跟教官敷衍著，還是遠遠的跟著隊伍走。

我不是勇敢的人，我不敢加入遊行的隊伍，我的心中有著相當的羞愧感。但是我偶然回頭一看，居然在我背後五十步左右的地方看到了黃學長。即使在那麼緊張的氛圍當中，我還是忍不住笑了出來。我對著他大喊：「學長，你怎麼躲得那麼遠？」

多年之後，我跟黃學長喝酒聊天，我總是拿這件事情來調侃他。我說這是現代版的「五十步笑百步」。我是五十步，他是一百步。不過各位讀者也不用嘲笑我們師兄弟兩人，因為說起來容易，但是在戒嚴時期遠遠的跟著遊行隊伍走，一般人也未必有那個膽量吧？

造反者青春回憶

我在一九八七年的五月從台大畢業，在七月十六日早上八點鐘入伍服兵役。而就在我入伍的同一天，台灣解除了施行了三十八年的戒嚴。緊接著，在隔年一九八八年的一月，蔣經國總統過世，李登輝繼任總統，台灣全民民主化，進入了另一個時代。

我常常跟朋友們說，我們這個世代的台灣學生運動是最為緊張刺激的。在我們入學之前，任何學校的任何學生如果發起任何學生運動，結局就是死路一條。差別只在於開除、監禁，或是槍斃而已。而在我們畢業之後，台灣全面民主化，學生們搞學運的風險很小，就算他們成群結隊的走到大馬路上揚言要造反，恐怕都沒什麼人會理他們。就只有在我們讀大學的那幾年，在我們搞學運的當下，我們面對的是完全未知的命運。

生在我們這個年代，參與過「自由之愛」那樣緊張刺激的學生運動，曾經高舉著民主自由的旗幟面對威權，但是後來卻又安然無事，仔細想想，上天對我們是十分眷顧的。所以即使像我這樣並不是學運核心分子的傢伙，也難免會在年輕人面前講得口沫橫飛啊。

民主關鍵年代下的軍旅生涯

入伍

一九八七年五月，我從台大資訊工程系畢業，同年以全國第一名的成績考上第一屆的資訊預官，並且在七月十五日早上八點鐘到台北近郊的國防管理學院報到，開始接受為期三個月的預備軍官訓練。

我到軍營報到的那一天，其實是台灣歷史上一個重要的日子，因為國民黨政府執行了長達三十八年的戒嚴令，終於在那天早上的零時零分解除了。從那一刻起，一般人民不再受軍事法院的管轄，擁有更大的言論自由。然而，在台灣解嚴僅僅八小時後，我入伍成為軍人，再度回到了軍事法庭的管轄範圍內，喪失了我的言論自由。

我們那一屆的資訊預官一共有五十個人，入伍之後，我們被編成了一個排，一起出操，一起上課。

受訓

有一次，一位教官來幫我們上「資訊概論」的課程，他從電腦發展的歷史與真空管開始講起，講了大約三、四十分鐘。他看我們無精打采的，於是就問我們：「各位同學當中，有沒有資訊相關科系的大學畢業生？」我們在座有十一個人舉了手。教官聽了似乎是高興，於是就繼續講課。

又過了大約五分鐘左右，教官心血來潮，轉頭又問：「在座有資訊相關科系的碩士畢業生嗎？」然後其他那三十九位學員也都舉了手。教官看了看，覺得十分不好意思，他把粉筆一丟，對我們說：「接下來你們就自己看書自習吧！」然後他就走出了教室。接下來三個多小時的課，他再也沒有回來過。

還有一次，另一位教官來教我們寫程式。他跟我們說：「這一堂實習課只有四個小時。我知道，要在四個小時之內完成這個程式作業，非常不容易，但是各位同學還是努力拼拼看吧，如果真的沒辦法完成的話，那也沒有關係。」

沒想到三十分鐘不到，就有一位同學完成了那個程式作業；然後再過十五分鐘之後，所有的五十位同學就都完成了那個作業。教官嚇了一跳，不知如何是好，於是在剩下來的三個多小時裡，他就讓我們留在冷氣機房裡打電動玩具。

在一九八七年，電腦還是一個相當稀奇的東西，而寫程式是一種非常稀有的技能。但我們那個排的五十位預備軍官都畢業自台灣各頂尖大學的資訊相關科系。對我們來說，軍隊裡的資訊課程實在太過簡單容易了。事實上，我們的程度比那些來幫我們上課的教官們還要高上一大截。

下部隊

當然，我們受的是預備軍官入伍訓練，所以出操還是免不了的。連上的職業軍官們大概是看到我的身材高大、聲音宏亮，所以就要我擔任我們那個排的實習排長，負責帶隊出操。然後連長大概也覺得我的身材高大、動作俐落，所以又挑選我擔任全連的「旗兵」。全連兩百個人一起帶隊出去的時候，我就舉著一面旗子、走在隊伍的最前方。現在回想起來，我在國防管理學院受訓的那三個月，是相當愉快而且風光的。

但是我的好日子終究要結束了。一九八七年十月，過完中秋節與國慶連假之後，我們一群資訊預官被授予少尉的軍銜，同時被分發到各個部隊。

我被分發的部隊，是位在台中市北邊的圳堵的陸軍第十軍團五八砲兵指揮部。那個營區位在一大片的稻田中央，風景優美，但是營房簡陋，廁所充滿惡臭。

我去報到的時候，指揮部的其他軍官們聽說我是台大畢業的，然後又看到我隨身帶著一本英文原文的 *Introduction to Artificial Intelligence*（《人工智慧概論》），以及一本海明威所寫的 *A Farewell to Arms*（《戰地春夢》），都對我投以異樣而不友善的眼光。

部隊裡的一位上尉跟一位中尉人事官看完我的人事資料之後跟我說，在我們那一整個營區裡，就只有一部陳舊的個人電腦，然後他們根本就不需要寫什麼程式，也不需要什麼資訊預官。再者，依照當時國軍的不成文規定，只有國民黨的黨員才能在部隊裡使用電腦，而由於我並不是國民黨黨員，所以我連營區裡那唯一的一部個人電腦都不能碰。那幾位軍官們一邊習慣性的罵著髒話，一邊對我說，上級單位把我這個毫無用處少尉資訊官分發給他們，不知道是什麼用意？到了最後，他們決定把我留在他們人事科裡，也擔任人事官，做一些文書跟打雜的工作。

我覺得非常沮喪，所以每天晚上晚點名之後，總是躲在我的房間裡，一邊讀著海明威的小說，一邊用耳機聽著錄音機裡的貝多芬〈命運交響曲〉跟〈田園交響曲〉。我開始懷疑，我被分發到一個沒有電腦的單位，恐怕不是一個巧合，因為我在大學時期參加了不少反對國民黨政府的抗議活動，我雖然不是學生運動的領袖，但可能還是被留下了紀錄。畢竟在那個年代，台大到處都有國民黨的線民學生。而各種學生運動，更是受到教官們的嚴密監視。

幾天之後，一位胖胖的楊姓少校政戰官過來問我，要不要申請加入國民黨？我心中著實猶豫了一下，但那個猶豫，其實也不過三十秒鐘左右，因為我知道，我的專業是資訊科學，而我必須當滿兩年的兵，如果我在服役期間完全沒辦法使用電腦的話，那等到我退伍的時候，恐怕大學四年所學的所有資訊軟體相關知識都會忘得一乾二淨了。所以我當場就跟楊少校說：「好，我要加入國民黨。」然後就去他那邊填寫了一堆入黨申請資料。

大約兩個禮拜之後，我放假回台北，約了幾位之前在台大一起參與學運的朋友們見面。其中一位同學見到我，馬上就開玩笑地對著我說：「聽說你背叛了革命，加入了國民黨？」

我只能尷尬的笑了笑，問他是怎麼知道的？他說，他們一群在高雄當兵的同學們都知道了，而他們也是聽其他的共同朋友說的。所謂好事不出門，壞事傳千里，大概就是那個意思吧？

十軍團的星空

又過了幾個禮拜，台中十軍團的軍團部為了準備隔年的長青二號師對抗演習，需要會寫程式的軍官，所以就輾轉找到了我，把我調到軍團司令部的電腦組工作。

十軍團的司令部在台中市東邊的新社，一個群山環繞的台地上，氣候涼爽，風景優美，而我們電腦組的機房設在營區大禮堂三樓的一間大會議室裡。我每天都在那裡寫程式，白天寫，晚上吃完晚飯之後繼續寫，往往寫到很晚。

然後每天將近午夜的時候，我會獨自跨過黑暗無人的大操場走回宿舍，一邊望著滿天的星斗，一邊學習辨識它們的位置與名稱。我剛開始看到的是「夏季大三角」：牛郎星、織女星、天津四，以及天津四所在的天鵝座。接著秋去冬來，夏季大三角從西邊沉下去了，從東邊升起的是獵戶座、雙子座、獅子座，以及淡青色的天狼星。

有一次，我要回宿舍的時候，依稀聽到大禮堂後面傳來一陣陣的哀號與咒罵聲。隔天我去問資訊中心那些比我資深的預備軍官們，才知道那時候國軍還有老兵打新兵的惡習。老兵會在晚上熄燈之後，把新來乍到的新兵帶到營區人跡罕至的角落裡，痛毆一頓。老兵們認為，這樣新兵才會聽老兵的話。而等到新兵變成了老兵之後，他們又會把更年輕的新兵帶去痛毆一頓。

蔣經國過世

那時候軍團部的軍官們每週三晚上可以外宿，也就是在週三下午五點左右離開營區，隔天週四早上再趕回營區裡參加早點名。

一九八八年一月十三日是個星期三，我依照往例在傍晚搭巴士下山，到台中市去找我的大姨跟大姨丈。我的大姨丈出身自一個台灣本土的政治世家，他們是中部地區某家銀行的創辦者，而且他還曾經受國民黨的提名，擔任過省議員。他們一家住在市中心區一間非常漂亮的樓中樓公寓裡。

當天晚上我跟我的大姨還有大姨丈吃完晚飯，坐在客廳裡一起看電視，看著看著，電視的畫面突然從彩色變成了黑白，大姨丈看到了，先是愣了一下，接著用台語跟我們說：「看起來，總統應該是死了。」果不其然，不久之後，電視就插播了新聞，宣布蔣經國總統已經在當天下午三點五十五分過世。

我們看了一整晚的新聞。隔天一大早我要回軍營的時候，大姨丈特地送我到門口。平常總是幽默詼諧的他，突然收起了笑容，輕輕拍著我的肩膀，用台語跟我說：「汝轉去軍中，毋通論時事！」（你回到軍中，不要論時事。）

多年之後，我依然清楚的記得那個場景跟大姨丈的眼神跟口氣。而他對我的告誡、應該是台灣人在經歷過二二八與白色恐怖多年之後所累積的政治智慧吧？

師對抗演習

蔣經國過世之後，台灣的軍隊全面停止休假，但是由台中十軍團負責舉辦的長青二號師對抗演習仍然照常舉行。在那個年代，師對抗演習是台灣軍隊的年度大事。參加演習的兩個師分別從台灣的北部跟南部出發，先在山區裡進行數個禮拜的行軍訓練，最後才各自在台灣中部地區集結布陣。

演習開始前一天的清晨，一名少校帶著我跟一名中尉軍官，坐著吉普車到台中市西邊的大肚山去看演習的部隊。那時候東海大學那一帶還相當的荒涼，我們在上山的沿途沒有看到什麼車，也沒有看到什麼人，就連住家也是稀稀落落的。但就在我們越過山頂之後，卻突然看到山坡的背面集結了大量的卡車、大砲，以及坦克車。晨光當中，幾千人的部隊就在台中工業區預定地的空地上安安靜靜地來來往往、忙來忙去，好不壯觀。

而我們電腦組的十幾名預備軍官們帶領著大約三十名大專兵，在努力工作了好幾個月之後，也終於在演習之前完成了一套「C3I 指管通情系統」。

我們讓士兵們帶著電腦隨演習部隊出動，隨時輸入各個部隊的位置以及動態，然後再透過無線電輾轉將資料傳回整個演習的指揮中心。

我當時寫了一個「電腦兵棋檯」程式，可以在「宏碁天龍 576」個人電腦上顯示出台灣地圖，並即時顯示出各個部隊在地圖上的位置。而使用者只要用電腦滑鼠點擊地圖上的某個部隊，就可以看到當時那個部隊的各項狀況資料。

現在看來，那個系統再原始不過了。我們當時讓各個演習部隊所使用的「可攜式電腦」，其實比現在的桌上型個人電腦還要大，重達十幾公斤，而固定在電腦側面的螢幕卻只有一個巴掌大，而且還是黑白單色顯示。但在那個時代，這樣的系統不但是高科技創新，而且算是軍事機密了。

將軍與我

師對抗演習的指揮中心是「統一裁判指揮部」，簡稱為「統裁部」。我們那次師對抗演習的統裁部設在十軍團的某個營區裡。而統裁部的核心又是設在一間大會議室裡的「兵棋室」。兵棋室的正中央地板上擺了一個很大的「兵棋檯」，檯子高約一呎，前低後高，上面有一張大約四張雙人床大小台灣中部地圖。地圖上則擺放了許多可以移動的「兵棋」，用來代表演習雙方各個旅、營、連。

在兵棋檯旁邊，總有一群中低階軍官們忙來忙去，他們依照統裁部最新接收到的訊息，用長長的推桿來移動更新各個兵棋在地圖上的位置，而兵棋檯的四周則擺放了階梯式的座椅，上面坐滿了從各方前來觀摩的高階軍官們。

此外，在兵棋室的一角，還擺放著一台「宏碁天龍576」個人電腦，由我操作，上面執行著我所寫的那個「電腦兵棋檯」程式，同步在電腦的畫面上顯示各個部隊的位置。

演習剛開始的幾天，都是軍團的中將司令跟軍團的少將參謀長在指揮中心裡坐鎮，而來自軍團部、陸軍總部，以及國防部的各級軍官在裡面來來往往、進進出出。但是後來陸軍總司令蔣仲苓、國防部長鄭為元、參謀總長郝柏村分別來視察的時候，所有的尉級軍官都被趕了出去。然後到了最後，總統李登輝也來了，於是所有的校級軍官們也都被趕了出去，就剩下我跟一群將軍們留在兵棋室裡面。

而每次有高階長官來視察的時候，十軍團的少將參謀長都會親自做簡報，然後把高階長官們帶來我所負責的電腦兵棋檯參觀，看我用電腦滑鼠操作畫面，顯示各個演習部隊的位置跟資料。

我們的演示通常都很順利，只有一次，陸軍總司令蔣仲苓上將看完我的演示之後，突然問我：「你把這次演習雙方的戰鬥序列調出來給我看看。」我當場愣住了，只能很老實地跟他說：「報告總司令，我不知道戰鬥序列是什麼？」

結果我的回答引來所有將軍們的大笑。蔣仲苓將軍倒是很和善，幫我打圓場，指著我跟大家說：「這不能怪他，一個少尉預官怎麼會知道什麼是戰鬥序列？」然後他還很好心地跟我解釋，所謂的戰鬥序列，指的是參戰雙方的組織結構，包含各級指揮官的姓名等等。

李登輝與郝柏村

由於我在長青二號演習的表現相當優異，所以我接著被調到陸軍總部資訊中心工作。隔年，也就是一九八九年的春天，陸軍總部為了籌備漢光六號演習，把我派到台北市大直實踐家專後方山丘的坑道裡。那些坑道據說是日本人在太平洋戰爭時期挖的，後來被國軍接收，作為中華民國陸軍的戰時指揮中心。如果台海真的發生了戰爭，陸軍總部的核心人員就會馬上進駐到那些坑道裡，從那邊指揮全台灣的軍隊作戰。

那些坑道縱橫交錯，長度至少有數百公尺，說豪華當然稱不上豪華，但是說簡陋也不算太簡陋。地面是磨石子的地板，坑道上方則是圓弧狀的，還鋪上了塑膠的波浪板，每當下大雨的時候，雨水會從外面的山坡滲進來，沿著波浪板從坑道的兩側流下，像是小瀑布一樣，感覺十分壯觀，聲音也非常的好聽。

平時那些坑道裡沒有人，就只有我跟其他幾位預備軍官帶著一些大專兵住在裡面，我白天寫程式架設網路，晚上就老實不客氣地睡在「總司令室」裡。而所謂的總司令室，不過是坑道旁邊的一個凹洞，裡面有一張床跟一張書桌。

到了演習的前幾天，大批軍官開始進駐，我也被迫搬離了我的總司令室。而進到坑道裡的軍官越來越高階，原本只是一些校級軍官，後來則是將軍們，然後參謀總長郝柏村來了，總統李登輝也來了。

當時政變的傳言甚囂塵上，許多黨外雜誌都說郝柏村即將發動政變，刺殺李登輝。因此，坑道裡的氣氛格外緊張，郝柏村帶著李登輝一路往裡面走，而李登輝什麼話都沒有說。

當時我心裡想，如果郝柏村真的要發動政變的話，那應該是最好的時機跟最好的地點了。因為整個坑道裡數百位軍官，幾乎全都是黃埔軍校畢業的，全都是郝柏村的人，而李登輝的台大學弟，大概就只有我跟我的同學蔡少尉兩個人了。偏偏那個坑道是兵法中的「死地」，要逃都沒有地方逃。想來真正危急的時候，我也只能操起我手中的鍵盤，朝著郝柏村的腦袋打過去了。

就在這時候，李登輝跟郝柏村突然在我們的坑道旁邊停了下來。很顯然的，李登輝在這些坑道裡突然看到了一堆電腦，感到十分的詫異。

郝柏村馬上就向李登輝總統報告，說明這是我們中華民國陸軍自主研發的指揮、管制、通信、情報系統，可以在電腦螢幕上的地圖顯示演習中的所有部隊位置等等。

李登輝靜靜的聽完之後，只說了一句：「我覺得軍隊還是用人來管比較好。」然後他們兩人就離開了，留下了我們這些錯愕的軍官。我們竊竊私語，因為我們沒想到郝柏村對李登輝講話十分的恭謹，而李登輝對郝柏村說話卻相當的冷淡，十分的不給面子。

這麼多年過去了，李登輝一直是我最佩服的台灣政治人物，但是我也一直對郝柏村心存敬意。因為郝柏村終究沒有在那個坑道裡發動政變，要不然，如果我沒有成為一個為李登輝捐軀的烈士，就是變成率先擁立郝柏村登基的有功軍官之一了。

寧靜革命

喔，對了，我是不是順利地加入國民黨了？其實我自己也不知道，我想應該是沒有吧？因為我在剛下部隊的時候填了入黨申請書之後，不到兩個禮拜，我就被調到十軍團司令部跟陸軍總部參與各種演習、寫各種程式。我既沒有回去五八砲指部找那位拉我入黨的楊少校，也沒有收到國民黨的黨證，或是入黨完成的通知書。

我在一九八七年七月十五日台灣解嚴的當天入營服兵役，我不是一個國民黨員，而且在大學時期還參加了一些反國民黨的學生運動，但是我卻能「潛伏」在中華民國國軍的指揮系統核心裡，使用電腦寫了許多的程式，接觸了許多機密，見到了許多大將軍。也許我的經歷，本身就是台灣民主化與軍隊國家化的一個見證吧？

重看霸王別姬

最近重新看了一次電影《霸王別姬》，看了之後覺得非常難過，被這個悲劇壓得喘不過氣來。

二十多年前初看，覺得這是一部非常好的電影，而劇中的苦難都已經過去，未來是充滿希望的；

二十多年後再看，我仍然覺得這是一部非常好的電影，但是劇中的苦難仍在繼續，而我看不到希望。

《霸王別姬》描述的是在一九二〇年代到一九七〇年代之間，兩個京劇名伶在北京成長與成名的故事。他們兩人只想演戲，也只會演戲，對政治既不熱衷也不擅長。

但是不斷的政權更替與政治運動，革命、北伐、抗日、解放、文革，卻將他們捲入一個又一個的危機與悲劇之中。

《霸王別姬》在一九九二年拍攝的時候，中國的六四天安門事件剛結束，而台灣也正要脫離威權統治，台灣人民對中國大陸的人民是充滿同情的。

當時我人在美國，是個留學生，我經常會遇到一些中國來的留學生。我們對他們充滿好奇，而他們也對我們充滿好奇。他們總是會詢問台灣的民主歷程，並且為中國的民主自由勾勒出一片美好的遠景。

而就像當時大部分的台灣人一樣，我對中國大陸的同胞們是覺得非常親近，也相當有好感的。

但是二十多年過去了，兩岸的氣氛已經發生了很大的改變。近幾年我在中國國內經商旅行所遇到的中國人，似乎對中國的強大充滿自豪，但是對民主與自由越來越無感，對台灣越來越充滿敵意與不屑。

也許，我在中國國內遇到的人，有取樣偏差的問題；也許，其實他們有其他的想法，只是不敢在我的面前說出來。

但即使是在言論自由的海外，中國人在社群網路的言論也是一面倒。主張民主自由的，往往是少數一些五十歲以上的海外流亡異議分子，而年輕的一代當中，小粉紅占了一大部分。

一九九〇年前後，台灣有一波又一波主張民主自由的學生運動，而中國也發生了六四學生運動。

但是在一九九〇年代之後，兩岸這樣的學生運動都少了。台灣是因為民主化了，自由已經成為我們的日常；但是中國大陸呢？是中國政府獲得了更有效的控制？還是那邊的人只在乎經濟，不在乎民主自由？

而中國人民的政治苦難過去了嗎？我們看到黎智英、任志強、馬雲惹上麻煩了，那誰會是下一個？

而除了這些引人注目的富商巨賈之外，那些奮戰不休的維權律師們呢？那些香港學生們呢？那些新疆維吾爾人呢？

所以最近我重新看了一次電影《霸王別姬》，看了之後覺得非常難過，被這個悲劇壓得喘不過氣來。

因為二十多年前初看，覺得劇中的苦難都已經過去，未來是充滿著希望的；但是二十多年後再看，我覺得劇中的苦難仍在繼續，而我看不到希望。

台灣人的時光機器

時光機器一向是科幻電影與科幻小說的最愛。在好萊塢電影《回到未來》、日本漫畫《機器貓哆啦A夢》，以及無數美、中、日、韓的時空穿越劇裡，主角總是駕馭著時光機器，穿梭於過去與未來之間。

主角回到過去，通常是想要改變自己的命運，讓失敗的人生重來；主角跑到未來，通常是想要預知歷史，讓處於現在的自己做出最有利的選擇。

而在一九九〇年代，台灣人也有了自己的時光機器。而且那部時光機器的入口並不難找，只要我們從台北開車上高速公路，往西南走四十公里抵達桃園的中正國際機場，那就是時光機器的入口了。

搭乘那部台灣人專屬的時光機器，途經香港，往北飛，端看個人的喜好，就能回到遠近不同的年代。如果想回到十年之前的台北，那上海是當時台灣人的第一選擇，因為那裡的景氣正熱，各行各業就像股市大多頭般類股輪動，吸納著來自全球的資金，彷彿一切都是美好的，一切都充滿希望；市民們感覺自己正走上一個世界級的大舞台。就算有人對現實際遇有些不滿，也都會努力的想在歷史性的時刻裡為自己搶占一席之地。

而如果一九九〇年代的台灣人想要回到更早的年代，那就搭火車吧，往西、往北、往南都可以。離開上海三十分鐘，我們會看到一九八〇年代的台灣；離開一小時，我們彷彿回到了一九七〇年代；兩小時後，時光機器的指針已經有點模糊，但我們依稀看得出那是一九六〇年代的台灣。

有了時光機器，一切都可以重來。如果我們在台灣的事業失敗了，可以去時光機器的另一端招兵買馬、重新出發。而如果我們原本的事業就是成功的，那我們也可以去那邊讓人生重來一次，大家還是會把我們當作大老闆，沒有人會笑我們在做傳統產業。如果要找工人，那不是問題，只要我們將招工的訊息傳出去，隔天就會有無數的農家子弟們在工廠的門口排隊。在時光機器的彼端沒有工運，也沒有抗爭，廢水與污染更是聞所未聞的名詞。

有了時光機器，人生可以改變。如果我們犯了法，欠下了一屁股債，時光機器可以帶我們回到犯法欠債之前。如果我們對目前的婚姻不滿，或是想嘗試一段不同滋味的戀情，那時光機器更是不二選擇，我們可以去另結新歡、另譜戀曲、另組家庭。只是我們千萬記得不要弄錯了年代，如果我們只有三十多歲，那就還來得及到上海去談一場二十歲年輕人的戀愛，但是如果我們已是年近半百，那就必須往外圍的三、四線城市多走幾步，才能讓自己回到三十年前。

當然，回到過去並不完全是美好的。在時光機器的彼端打開電視，新聞播報員的撲克臉孔告訴我們，政府是萬能的，領導人是英明慈愛的，國家前途是光明燦爛的。如果我們問身邊的朋友，哪一家媒體比較好？得到的答案會是「都差不多」，因為反正我們想知道跟應該知道的事情都不會在那上面。然後政府的發言人會跟我們說，少數叛亂分子正威脅著國家安全；我們不要相信謠言、不要相信國外的報導。而除了政府抓到的那幾名貪官之外，腐敗與官僚無能其實並不存在，西方式的自由民主真的不適合東方的中國。

有了時光機器，許多的台灣人都夢想成名。有人希望成為中國的王永慶，有人希望變成中國的張忠謀，有人自認媲美邱復生，也有人想取代高清愿。而這些願望似乎都不難實現，因為名人的傳記市面上都有，照章複製八九不離十。只是殺頭又賠錢的事沒人要做，從來沒有聽說有台灣人想搭乘時光機器去當另一個黃信介或是林義雄。

在科幻的世界裡，穿梭於時空之間的英雄總是不時回到未來，回到我們所熟知的世界裡，補充武器、增添裝備，以便再到那落伍的過去世界裡，去廝殺、去炫耀。同樣的，原本大多數的台灣人在搭乘時光機器時也是購買來回票，穿梭於現在與過去，在過去的世界裡向人們炫耀並預知美好的未來，又在現今的世界裡向人誇示時空歷險的戰利品。

但是在西元二〇〇〇年之後，有些台灣人坐上了時光機器就不再回來了，他們說，過去的時代終究比現代美好，他們對未來已經不再眷戀；他們說，時光機器已經漸漸失效，機器的兩端已經沒有什麼時差。我們開車送朋友前往時光機器的入口時，我們不再要他們早去早回，只希望他們有空回來看我們。

於是我們孤單地坐在時光機器的這一端，焦慮著、徬徨著，不知道是否應該搭上下一班次去與朋友們會合，或是要靜待他們凱旋歸來？

一直到了二〇一五年左右，大部分的台灣人才突然理解到，其實我們已經不再需要那部時光機器了。而真正的勇士，反而是我們這些沒有搭時光機器回到過去的人們，因為面對未來比面對過去更加困難，走一條沒人走過的路，才是真正的挑戰。

我們這些留在時光機器這一端的人，並不想去重複體驗在威權體制之下的快速經濟成長，我們要的不只是物質上的富足，我們要的還有自由、民主與法治。而由於之前跳上時光機航向另一頭的台灣人當中，並沒有想成為另一個黃信介或是林義雄的人物，同時在時光機器的彼端人們，似乎也對自由、民主與法治興趣缺缺。所以我們知道，這部原本由台灣人發現、專屬於台灣人的時光機器已經徹底崩壞。

現在從台北開車往西南四十公里，那個稱做桃園國際機場的地方，純粹就是航向另一個平行世界的入口而已。

後記

我跟九十一歲父親的對話

二〇二〇年十二月的時候，朋友Y君在網路上看到了一則訊息，說有人發起一個活動，要在台中市保存一棟建於一九三五年的彰化銀行招待所。Y君知道我的父親以前在彰化銀行工作，所以要我去問我的父親，看他知不知道這棟建築物的來歷？

於是我就趁中午帶我父親出去吃完中飯的時候，在車上把照片拿給我爸爸看，問他知不知道？

「這是台中市繼光街九號。」我爸爸說。

「你怎麼知道？」我問。

「因為我以前住過。」我爸爸說。

「啊!?為什麼你以前住過？」

「這間房子，死過兩個彰化銀行董事長。」

「爸，我是問你，你怎麼會在那棟房子裡住過？」

「一個董事長是日本人，另一個董事長是台灣人。」我爸爸說。

「那到底為什麼你在這棟房子住過？」我繼續追問。

「那個董事長娶了一個酒家女當老婆。」

「是哪一個董事長娶了酒家女？」

「那個酒家女叫做林艷秋。」

「所以到底是日本人的董事長還是台灣人的董事長？」我越聽越糊了。

「林獻堂的兒子是柔道選手，好像是五段還是六段？」

「所以林獻堂的兒子是彰化銀行的董事長？」我問。

「林艷秋是板橋人。」

「所以你究竟是什麼時候住過那裡？」

「很高興你今天帶我出來吃午餐，我實在很高興。」我爸爸說。

所以問了老半天，我還是搞不清楚，為什麼我爸爸年輕的時候，會住在彰化銀行董事長的宿舍裡？

希望我將來九十一歲的時候，記性不要像我老爸那麼好，說話不要像他那樣旁徵博引的，否則我的兒子大概會瘋掉。還有，趁現在我的思緒還清晰的時候，還是趕快把我們家族長輩們跟我說過的那些故事寫下來吧。

文學叢書 735

INK PUBLISHING

幸福的鬼島

作　　者　林宜敬
圖片提供　林宜敬
總 編 輯　初安民
責任編輯　宋敏菁
美術編輯　黃昶憲
校　　對　吳美滿　林宜敬　宋敏菁

發 行 人　張書銘
出　　版　INK印刻文學生活雜誌出版股份有限公司
新北市中和區建一路249號8樓
電話：02-22281626
傳真：02-22281598
e-mail：ink.book@msa.hinet.net
網　　址　舒讀網http://www.inksudu.com.tw

法律顧問　巨鼎博達法律事務所
施竣中律師
總 代 理　成陽出版股份有限公司
電話：03-3589000（代表號）
傳真：03-3556521
郵政劃撥　19785090 印刻文學生活雜誌出版股份有限公司
印　　刷　海王印刷事業股份有限公司

港澳總經銷　泛華發行代理有限公司
地　　址　香港新界將軍澳工業邨駿昌街7號2樓
電　　話　(852) 2798 2220
傳　　真　(852) 2796 5471
網　　址　www.gccd.com.hk

出版日期　2024 年6月　初版
2024 年8月12日　初版二刷
ISBN　978-986-387-736-3

定　價　360元

國家圖書館出版品預行編目資料

幸福的鬼島／林宜敬 著.- - --初版. –
新北市中和區：INK印刻文學，2024. 6
面；14.8 × 21公分. --（文學叢書；735）
ISBN 978-986-387-736-3（平裝）
1.林氏 2. 家族史 3.台灣史
544.2933　113006741

舒讀網